greenlights

綠　燈

Matthew
McConaughey

馬修‧麥康納

李函　譯

書名　綠燈
原書名　Greenlights
作者　馬修‧麥康納 (Matthew McConaughey)
譯者　李函
主編　簡伯儒
行銷　許凱棣
執行主編　簡欣彥
封面設計　蔡南昇
排版與版型設計　廖勁智
出版　遠堡壘文化有限公司
發行　遠足文化事業股份有限公司（讀書共和國出版集團）
地址　231 新北市新店區民權路 108-3 號 8 樓
電話　02-22181417
傳真　02-22188057
Email　service@bookrep.com.tw
郵撥帳號　19504465 遠足文化事業股份有限公司
客服專線　0800-221-029
網址　http://www.bookrep.com.tw
法律顧問　華洋法律事務所 蘇文生律師
印製　韋懋實業有限公司
初版 1 刷　2021 年 8 月
初版 7.7 刷　2024 年 1 月
定價　新臺幣 550 元

國家圖書館出版品預行編目 (CIP) 資料

綠燈/馬修.麥康納(Matthew McConaughey)著 ; 李函譯. --
初版. -- 新北市 : 遠足文化事業股份有限公司堡壘文化,
2021.08
　面 ; 公分. -- (New black ; 6)
譯自 : Greenlights
ISBN 978-986-06707-7-6 (平裝)

1. 麥康納 (McConaughey, Matthew, 1969-)　2. 演員
3. 電影　4. 傳記　5. 美國

　　　　　785.28　　　　110011234

致我想成為的唯一事物，
以及我的家人

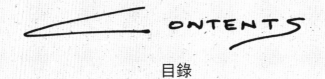

ONTENTS

目録

greenlights

1-22-09

"I've Found Myself"

- the most difficult word in the universe?

- WHOWHATWHEREWHENHOW?? - and that's the truth.
  WHY? - is even bigger

- I think I'll write a book. ————————
A ~~book~~ word about my life.
I wonder who would give a damn
~~About~~ the pleasures and the strife?

———————— I think I'll write a book. ————————
~~Can~~ Help the generations with the truth about the past?
Whos to say one would agree?
Shit! I'm tired. Hope that these thoughts last...

———————— I still think I'll write a book.

「我找到了自己。」

一宇宙中最困難的字？
一誰什麼哪裡何時如何？那就是眞相。
爲什麼？這點更重大。

我想我得寫本書。
一本關於我人生的書。
我想知道，有人會在乎
樂趣和衝突嗎？

——我想我得寫本書——
幫忙不同世代接受過去的眞相？
誰說他們會同意？
該死！我累了。希望這些想法能維持下去…

——我還是認爲該寫本書——

一對俗語感到驕傲
一最喜歡的
一心理性
一不管制生活——不，那我們都是懦夫
一寫本書

- mood for the sayings
- favorite are
- phycological
- let life be - no- then we are coward

March 11

book.

這不是本傳統回憶錄。對，我講述的是來自過去的故事，但我對大多回憶錄所需的懷舊、傷感、或退隱感沒有興趣。這也不是本忠告書。雖然我喜歡講道人，但我並不是來向你說教的。

這是本方法書。我要分享能夠以客觀角度理解的故事、想法、與哲學，而如果你想的話，也能改變你的現實，或更改自己觀察現實的角度，來以客觀方式接受這些故事。

這是部奠基於我人生冒險的劇本。這些冒險意義重大，充滿啟發性，也很好笑；有時是因為它們原本就該令人捧腹大笑，但大多時候是由於它們原本不該好笑。我天生樂觀，幽默感也是我最棒的老師之一。它幫我應付痛苦、失落、與缺乏信任的狀況。我不完美；不，我老是捅出簍子，也會立刻發覺這點。我才剛學會如何洗刷恥辱，並繼續向前進。

我們總會捅簍子。我們在人生中會碰上障礙、搞砸事情、遭到騷擾、生病、得不到自己想要的東西、並碰上數千種「可能會更好」和「希望那沒發生」的狀況。捅簍子是必然狀況，所以要不把它視為好運，要不就想如何少犯錯。

致生命

　　我這輩子活了五十年，花了四十二年想釐清生命中的謎題，近三十五年來也寫了紀錄謎題線索的日記。其中記載了成功與失敗、快樂與悲傷、使我感到驚奇的事物、讓我大笑出聲的事物。三十五年的理解、回憶、認知、收集、抄寫下在生命中感動或改變我的事。如何維持公正。如何減少壓力。如何玩樂。如何降低對他人的傷害。如何減少受傷。如何當個好人。如何得到我想要的東西。如何使生命得到意義。如何更成就自我。

　　我從來沒寫下要記的事；我寫東西的原因，是為了遺忘。重新造訪我的人生與想法，是項嚇人的工作；我不確定會不會喜歡昔日的自己。最近，我鼓起勇氣，坐下來好好讀那些日記，並審視三十五年來所寫下的五十年人生紀錄。你知道嗎？我比預期中還更享受這件事。我大笑出聲，也流下淚水，並發現自己記得的事比預料中更多，也沒忘掉那麼多事。

　　我發現了什麼？我找到了自己見證且體驗過的故事、學習過並遺忘的教訓、詩詞、禱告、處方、解決自己問題的答案、對我依然存有的疑問的提醒、對重要事物的信念、相對論、與一堆保險桿貼紙 *。我發現具有一致性的生活態度當時讓我感到滿意，現在也一樣。

　　我發現了可靠的主題。

　　於是，我打包這些日記，並一路前往沙漠中獨處，開始寫下你手中這本書：這是本相簿，也是份紀錄，更是我目前的人生故事。

　　我見識過、夢想過、追逐過、給予並接受過的事物。

　　以我無法忽視的方式干擾了自我時空的爆炸性真相。

　　我和自己締結合約；我履行了不少承諾，但也仍持續追求大部分的目標。

　　這些是我的所見所聞、感受與理解、酷經驗和丟臉回憶。

　　恩典、真相、野蠻中的美。

　　起點、邀請、校準、刻度。

　　逃脫、被逮、並在雨中漫舞時被淋濕。

　　成年禮。

　　在名為生命的偉大實驗中邁向滿足，和位於堅持與放手之間的一切。

---

* 我一直很喜歡保險桿貼紙，因此我把「保險桿」和「貼紙」合成同一個字：「保險桿貼紙（bumpersticker）」。它們是人們會公開發表的歌詞、俏皮話、歇後語、與直接了當的個人偏好。它們廉價又有趣。它們不須維持政治正確，因為它們只是保險桿貼紙。從字體、色彩、到內容的字句，保險桿貼紙都能告訴你許多關於前頭司機的事。包括他們的政治觀、有沒有家庭、熱愛自由或循規蹈矩、幽默或嚴肅、養了哪種寵物、喜歡哪種音樂、甚至是宗教信仰。過去五十年來，我一直在收集保險桿貼紙。有些我看過，有些我聽過，有些我偷過，有些我夢過，有些我說過。有些很好笑，有些很嚴肅，但它們都留在我心裡…因為那就是保險桿貼紙的作用。我把一些最喜歡的貼紙內容寫入這本書中。

　　希望這是順口良藥,就像是幾顆讓你免於前往醫務室的阿斯匹靈,或不需要你的飛行員執照並飛向火星的太空船,或是不須前往教會,就能再度獲得重生,並在流淚時開懷大笑。

　　這是封情書。

　　致生命。

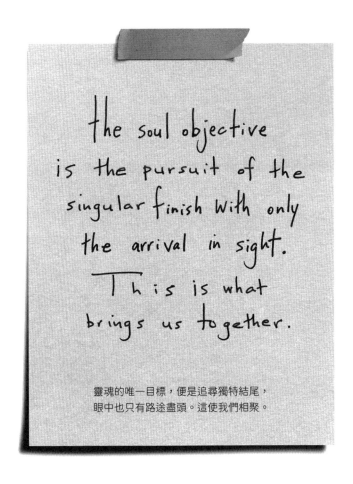

the soul objective
is the pursuit of the
singular finish with only
the arrival in sight.
This is what
brings us together.

靈魂的唯一目標,便是追尋獨特結尾,
眼中也只有路途盡頭。這使我們相聚。

Sometimes you gotta go back to go forward. And i don't mean goin back to reminisce or chase ghosts. I mean go back to see where you came from, where you been, how you got HERE.

— mdm
Lincoln Ad, 2014

有時爲了前進，你得走回頭路。我指的不是回想過往或追逐幻影。我指的是回去看看你的起點，你去過的地方，以及你如何抵達當下。

——麥康納

林肯汽車廣告，二〇一四年

How did i get here?

我怎麼來的？

　　在這段人生中，我得到了幾道傷疤。我對生命很拿手，也很拙劣，而最後我在其中找到了一點樂趣。以下是一些關於我的小事，用來幫助鋪陳。

　　我是三個孩子中的么子，父母與彼此離婚過兩次，也與對方結過三次婚。

　　長大過程中，我們會對彼此說「我愛你」。我們是真心的。

　　我十歲時，曾因為在身上刺了好東西爆米花（Cracker Jack）的刺青而被痛打一頓，屁股都流了血。

　　當我首度威脅要逃家時，我爸媽還幫我打理行囊。

　　我出生那天，我爸不在家。他打給我媽說：「我只說一件事：如果孩子是男生，別叫他『凱利（Kelly）』。」

　　我一直以來唯一想做的事，就是成為父親。

　　當我媽把我丟進拉諾河（Llano River）時，我學會了游泳；當時我要

不漂到下游三十碼外滿佈岩石的瀑布，要不就游到岸邊。我抵達了河岸。

我總是頭一個穿破硬皮牌牛仔褲（Toughskin）膝蓋布料的人。

有兩年，我在十二歲以下足球聯盟中領到的紅牌總是多於他人，當時我擔任守門員。

當我不停抱怨自己唯一一雙網球鞋又老又俗時，我媽告訴我：「再抱怨，我就帶你去看沒腳的男孩！」

我十五歲時，被威脅進行首次性愛。當時我很肯定，自己會因婚前性行為而下地獄。到今天，我只確定自己希望那不是之後的下場。

我十八歲時，曾在一台廂型車後頭被打昏，並被一個男人性侵。

我在墨西哥的雷亞爾卡托爾塞（Real de Catorce）用過烏羽玉（譯注：peyote，原產於德州與墨西哥的仙人掌，可用於製作迷幻藥），當時我和一頭山獅待在籠子裡。

有個獸醫在我前額縫過七十八針過。

我曾從四棵樹上摔下來過，也因此經歷過四次腦震盪，有三次發生的時間都是滿月。

我曾裸體打小手鼓，直到被警察逮捕。

我抗拒逮捕。

我申請過杜克大學（Duke）、德州大學奧斯汀分校（UT Austin）、南方衛理會大學（Southern Methodist）、格蘭布林州立大學（Grambling）。其中有三間學校錄取了我。

我從未自覺像受害者。

我有很多證據能證明世界企圖讓我開心。

比起夢中，我在生命中得到更多。

許多人給我看過我不知道自己寫過的詩。

我一度天真、邪惡、又憤世嫉俗。但我對自己與人類的善良、和我

18

們之中的普世價值觀感到深信不疑。

我相信只有當我們撒謊時，真相才會冒犯他人。

我從小學習存在主義式的法外之徒邏輯，其中充滿謬誤字義，還有虛構物理概念，因為如果它不是真的，就應該屬實。

不過，愛沒有任何虛構條件。愛千真萬確。有時充滿血腥，但從未令人質疑。

我很早就學會如何抱持相對性：如何應對事物。

我學會了彈性、後果、責任、與如何努力工作。我學會如何去愛、大笑、原諒、遺忘、玩耍、與祈禱。我學會如何忙碌、販賣、散發魅力、扭轉局勢、轉敗為勝、與捏造故事。我學會如何探索高峰與低谷、擁抱與打擊、資產與虧損、情歌與綽號。特別是在面對必然時。

這是個關於與必然產生相對性的故事。

這是個關於綠燈的故事。

這是我生命中第一個五十年，它沿著我的人生概述一路延伸到我的悼詞。

> 必然的到來：**死亡**。
>
> 它是統一的盡頭，也是共同的終點。
>
> 它是無所在乎的名詞。我們的悼詞。蓋棺論定。活過這輩子。
>
> 相對性方法：生命。
>
> 它是獨特的過程，也是我們的私密旅程。
>
> 它是無不在乎的動詞。我們的概述。寫下它。體驗它。

What's a greenlight?

什麼是綠燈？

綠燈代表出發：前進、繼續、持續。在馬路上，它們被用於為車潮指引正確方向，而經過妥善安排後，就有更多車輛能連續碰上更多綠燈。它們代表了前進。

在我們的人生中，它們是對我們方向的肯定。它們是贊同、支持、讚美、禮物、火上之油、「好小子」、和食慾。它們是現金、出生、春天、健康、成功、快樂、永續性、純真、與嶄新的開始。我們愛綠燈。它們不會干涉我們的方向。它們很輕鬆。它們宛如不穿鞋的夏天。它們說「好」，並給予我們想要的事物。

綠燈也會偽裝成黃燈或紅燈。警告、繞遠路、若有所思地停頓、打岔、否定、消化不良、噁心、痛苦。句點、折疊刀、介入、失敗、受苦、迎面一巴掌、死亡。我們不喜歡黃燈與紅燈。它們拖緩我們的腳步，或停止我們的流動。它們很艱困。它們宛如不穿鞋的冬天。它們說「不」，但有時會給我們需要的事物。

逮住綠燈需要技巧：意念、脈絡、考量、忍受、期待、彈性、速度、紀律。透過判斷生命中的紅燈位置，我們就能逮到更多綠燈，並轉換方向來少碰觸一點紅燈。我們也能得到綠燈，並為它們進行策畫與設計。透過意志力、勤奮、與我們做出的選擇，就可以在未來創造並為它們安排更多空間，這也是障礙最少的一條路。我們能為綠燈負責。

逮住綠燈的時間點也相當重要。世界的時間點，與我們的時間點。當我們身處要位，頻率相符，並隨流而行。我們能光憑運氣就抓到綠燈，因為我們握有天時地利。要在我們的未來抓到更多綠燈，就與直覺、業力、和運氣有關了。有時要抓到綠燈，得靠命運。

要以盡可能最佳的方式探索生命大道，就得在正確時刻以相對性面對必然。情況的必然性並非相對；當我們接受既定情況的必然結果，那我們如何應付它就有了相對性。我們要不堅持並繼續追求心中的結果，轉身並採用新方針，或是投降並歸順命運。我們向前邁進，隨機應變，或揮舞白旗並改日再戰。

使我們感到滿足的秘密，在於我們何時選擇做上述中的一件事。

這就是生活的技巧。

我相信我們在生活中做的一切，都是某項計畫的一部分。有時計畫順利進行，有時則非然。那也是計畫中的一部分。你得了解，這點本身就是綠燈。

我們今日面對的問題，最後在人生的後照鏡中會成為福氣。昨日的紅燈遲早會將我們導向綠燈。一切毀滅最後都導向建設，所有死亡最後都導向新生，而所有痛苦最後也帶來愉悅。在這輩子或來世，劣勢遲早會好轉。

重點在於我們如何觀察與處理面前的挑戰。堅持，轉身，或投降。這由我們決定，每一次都是我們的選擇。

　　這本書敘述該如何在充斥「不」的世界中得到更多「好」，以及如何認出可能是「不」的「好」。這是本關於抓住綠燈、並理解黃燈與紅燈遲早會轉綠的書。

綠燈。

特意而行⋯祝你好運。

如果我唯一想做的事，
就是坐下來和你談話⋯
你會聽嗎？

——馬修・麥康納，十二歲

第1章　　　part one

法外之徒的邏輯

OUTLAW
LOGIC

一九七四年某個星期三夜晚

　　爸剛下班回家。左胸上寫了「吉姆」的油膩藍色正裝襯衫已被丟進洗衣機中，他則穿著無袖內衣坐在桌邊的主位。他很餓。我哥哥們和我已經吃過晚餐了，媽則把重新加熱過的盤子從烤箱中拿出，並把盤子推到他面前。

　　「多一點馬鈴薯，親愛的。」他開動時說。

　　我爸是個高大的男人。六英呎高，兩百六十五磅重，他說這是他的「打架重量。再輕的話，我就會感冒了。」在他四十四歲時的這頓周三晚餐上，那兩百六十五磅重的肉正垂掛在我媽不喜歡的部位。

　　「你確定要更多馬鈴薯嗎，胖子？」她怒罵道。

　　我縮在客廳裡的沙發上，並開始感到緊張。

　　但低著頭的爸安靜地繼續吃飯。

　　「看看你的肥肚子。好，繼續吃呀，胖子。」她一面叫罵，一面把大量馬鈴薯泥刮到他盤上。

　　那就是引爆點。砰！爸把餐桌一股腦往天花板翻，並站起身來，開始怒氣沖沖地逼近媽。「該死，凱蒂，我辛苦了一整天，回到家後只想好好吃一頓熱飯。」

　　問題開始了。我哥哥們曉得，我也清楚。我媽明白狀況，並跑向架在廚房另一側牆上的電話，撥了九一一。

　　「妳就不能不多管閒事嗎，凱蒂？」他咬牙切齒地低吼，食指指向媽，同時大步跨過廚房。

　　當他靠近時，媽抓住牆上電話的握把，並用話筒狠狠往他眉間劈下。

　　爸的鼻子斷了，鮮血四濺。

　　媽跑到櫥櫃邊，拿出一把十二吋長的主廚刀，接著向他擺出架式。「來呀，胖子！我要把你開腸剖肚！」

　　他們在廚房中和彼此對峙，媽揮舞著十二吋長的刀，鼻子血淋淋的爸則破口大罵。他從吧台上抓起一瓶半滿的十四盎司亨氏（Heinz）番茄醬，轉開瓶蓋，並像她揮刀一樣揮舞瓶子。

　　「來呀，胖子！」媽又挑釁他。「我要把你大卸八塊！」

　　爸的姿勢像個面帶嘲諷的鬥牛士，並開始從罐中往媽的臉和身體潑灑番茄醬。「幹得好。」他說，一面左右蹦跳。

　　他往她身上噴灑越多番茄醬，並一再躲過她用主廚刀揮出的劈砍，媽就越生氣。

　　「幹得真好！」爸嘲諷道，一面在她身上撒出一道新紅痕，一面躲過另一次攻擊。

　　他們你來我往，直到媽的怒氣轉為疲憊。全身沾滿番茄醬的她把刀子丟到地上，站直身子，並開始擦拭自己的淚水和喘氣。

　　爸放下亨氏醬瓶，不再站得像個鬥牛士，並用前臂抹去從鼻子滴下的血。

他們依然面對彼此，但放下了武器，又盯了彼此一會兒；媽用拇指拂去眼中的番茄醬，爸站在原處，任憑血液從鼻子滴到胸膛上。幾秒後，它們走向對方，並像動物般猛烈擁抱彼此。他們跪了下來，接著躺到沾滿血腥與番茄醬的油氈廚房地板上⋯並且做愛。紅燈就此轉綠。

這就是我父母溝通的方式。

因此媽給了爸一份他們婚禮的邀請函，並說：「你有二十四小時可以決定，再告訴我答案吧。」

因此我爸媽與彼此結了三次婚，並離了兩次婚。

因此我爸為了把我媽的中指從他臉上扯開，弄斷了她的中指四次。

這就是我爸媽愛彼此的方式。

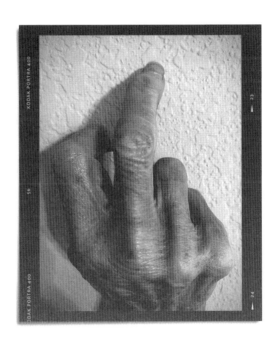

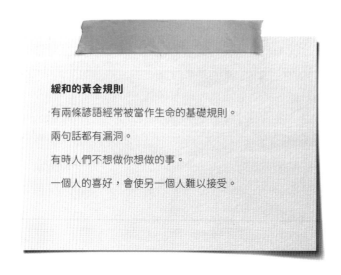

緩和的黃金規則

有兩條諺語經常被當作生命的基礎規則。

兩句話都有漏洞。

有時人們不想做你想做的事。

一個人的喜好，會使另一個人難以接受。

麥康納家族從愛爾蘭搬遷到英格蘭的利物浦，再搬到西維吉尼亞州的小岩城（Little Rock），和紐奧良。我們的過往歷史中沒有王公貴族。不過，家族內有不少偷牛賊和船上賭鬼，以及一名艾爾·卡彭（譯注：Al Capone，美國二十世紀初黑幫老大）的保鑣。

爸來自密西西比州的派特森（Patterson），但在路易斯安那州的摩根城（Morgan City）長大，也對當地感到最為熟悉。

媽來自賓夕法尼亞州的阿爾圖納（Altoona），但總是說她來自紐澤西州的川頓（Trenton），因為「誰想要叫做阿爾圖納的老家？」

我有兩位哥哥。老大麥可（Michael）四十年來都被叫做「公雞」，因為即便他在凌晨四點就寢，也總會在日出時起床。當他十歲時，他想要個小弟弟當生日禮物，所以爸媽在一九六三年從達拉斯的衛理會之家收養了我的哥哥派特（Pat）。爸媽每年都會問派特要不要帶他去見親生父母。他一直拒絕到十九歲，之後才接受他們的請求。

　　媽和爸安排了會面，他們三人便開車到派特的親生父母位於達拉斯的家。爸媽把車停在路肩並在車裡等，派特則按了門鈴並進門去。兩分鐘後，派特走出他們家，並跳上後座。

　　「怎麼了？」他們問他。

　　「我只是想看看我爸是不是光頭，因為我的頭髮變稀疏了。」

First marriage
12·22·54

Second marriage
12·18·59

第一次婚姻
一九五四年十二月二十二日

第二次婚姻
一九五九年十二月十八日

　　我呢，則是場意外。爸媽花了很多年嘗試生個寶寶，卻徒勞無功，所以一直到懷孕第五個月前，媽都以為我是顆腫瘤。我出生那天，爸去了酒吧，而不是上醫院，因為他懷疑我不是他的親生兒子。

　　但我的確是他的兒子。

我第一次被痛打的原因，是由於在幼稚園操場上對某人叫我「麥特」（譯注：Matt，與門墊〔doormat〕讀音相似）而應聲（「你不叫門墊！」媽尖叫道），第二次是因為對我哥哥說：「我恨你」，第三次是因為說：「我不行」，第四次則是由於我因偷了披薩而撒謊。

因為我說了「狗屎」、「該死」、「幹」，害得我的嘴被他們用肥皂清洗，但我只會在使用或執行可能會傷害我的話語時，才會惹上大麻煩。會傷人的話語。那些話使我成為現在的自己，因為它們不只是話語；它們是期待與後果。它們是價值觀。

我父母教導我說，我得到這名字是有意義的。

他們教我不要憎恨他人。

永遠不要說我不行。

永遠不要說謊。

綠燈

Words are momentary
intent is momentous

話語稍瞬即逝
意圖事關重大

我父母不希望我們遵循他們的典範，他們認為我們該照做。受到否決的期許比受到否決的希望還來得傷人，而成真的希望則比成真的期許使我們更開心。希望在快樂上的回報較高，也較不帶來否定感，只是比較難估算。我父母算過了。

　　儘管我因此不鼓勵體罰，我卻清楚當自己還小時，沒有做出許多自己不該做的事的原因，是由於我不想被揍。我也明白還是小孩的自己做了許多該做的事，因為我想要父母的讚美與認同。後果有好有壞。

　　我來自充滿愛的家庭。我們也許不總是喜歡彼此，但我們永遠愛著對方。我們和彼此擁抱、親吻、扭打、鬥毆。我們不記仇。

　　我來自歷史悠久的叛逆家族。他們是法外之徒般的自由主義者，最後都支持了共和黨，因為他們相信這樣會減少入侵自家地盤的法外之徒數量。

　　我來自嚴守家規的家庭；你最好守規矩，直到你年紀大到能打破規矩。當爸媽說「因為我這樣說」時，你會照做；如果你不做，也不會被禁足，而是會被皮帶痛抽一頓，或被反手打一巴掌，「因為這讓你更快集中注意力，也不會浪費你寶貴的資源：時間。」我出身的家庭，會在你受到體罰後，立刻帶你到鎮上你最喜歡的起司漢堡與奶昔餐館，來慶祝你學到教訓。我來自可能會因破壞規則而處分你、但一定會因為你被逮而處罰你的家庭。儘管表面看來有些冷酷，但我們明白讓自己感到小癢的事，經常會使他人受傷；因為我們要不面對危機，要不就否定它，因此我們是最不會抱怨自己運氣差的人。

　　這種哲學使我成了個勤勞的騙子。我辛勤工作，也喜歡斂財。這種哲學也引發了一些很棒的故事。

我得像個乖巧的南方小子一樣，從我媽身上開始講故事。她是個真正的好姑娘，也活生生地證明了否定的價值，取決於個人對它投注多少心力。她只靠阿斯匹靈和否定，就擊敗了兩種癌症。她是個會在能做前就說「我要做」、得到允許前就說「我會做」、受邀前就說「我會到」的女人。她對方便性與爭議性相當忠誠，也總對內容與考量抱持敵意，因為這兩者會要求允許。她也許不是世上最聰明的人，但她不會哭天喊地。

　　現在她八十二歲，我也很少比她晚睡，或比她早起。當她長大時，如果她在褲襪底部挖出太大的洞，讓褲襪往上捲到腳邊的話，就會受到宵禁處罰。

沒人原諒自己的速度比她更快，因此她毫無壓力。我曾問過她是否帶著遺憾入睡過。她迅速告訴我：「每晚都會，兒子。只是等我起床後就忘了。」她總是告訴我們：「到一個地方時，別表現出自己想買下它，要表現得像是那裏的主人。」當然了，她最喜歡的英文字就是「好」。

一九七七年，媽幫我報名參加舉辦於德州班德拉（Bandera）的「小小德州先生（Little Mr. Texas）」比賽。

我贏得了一座大獎盃。

我媽為這張相片裱了框，並把它掛在廚房牆上。

當我每天早上來吃早餐時，她都會指向照片，並說：「看看你，大贏家，一九七七年小小德州先生。」

去年我在她的剪報簿中發現這張照片時，有某個東西吸引了我的目光。我好奇地放大獎盃上的字樣。上頭寫：「亞軍」。

我打給我媽這名相對論女王，並說：「媽，妳一輩子都說我是小小德州先生，但其實我只是亞軍？」她說：「不對，贏得冠軍的小孩家裡比我們有錢，他們還買了件高級三排扣西裝給他參加比賽。我們說那是作弊。不，你才是小小德州先生。」

接著在一九八二年，我參加了七年級詩詞比賽。截稿前晚，我把自己的詩拿給媽看。

「不錯呀，繼續努力吧。」她說。

我回到房間內擬下一份草稿。

幾小時後，對進展感到開心的我，又把詩給媽看。

她讀了詩，並一語不發。

「妳覺得怎樣？」我問。

她沒有回答。她反而打開一本精裝書，並翻開到一面做了記號的書頁，再把書拿到我面前，指向書頁說：「你覺得這如何？」

「如果我唯一想做的事，

就是坐下來和你談話…

你會聽嗎？」

那是安．艾許福（Ann Ashford）寫的詩。

「我喜歡。」我說。「怎麼了？」

「那就寫下它。」媽說。

「寫這首詩？妳是什麼意思？」

「你了解它嗎？」

「對，但…」

「如果你喜歡它，也了解它，那它就屬於你。」

「但那不是我的詩，媽，那是安．艾許福的作品。」

「它對你有意義嗎？」

「有，就像是某個你愛的人只想坐下來和你說話。」

「沒錯。所以如果你喜歡它，理解它，而它也對你有意義，那它就屬於你…寫下來吧。」

「然後在底下簽名？」

對。

我照做了。

我也贏得七年級詩詞比賽。

我媽沒有家教，而既然她不喜歡從小的生活，為了生存，她將之否決，並打造自己的人生。她總是相信，如果你理解某件事，那你就擁有了它，也能在上頭署名，將它占為己有，用它當作生活標竿，販賣它，並用它贏得獎牌。抄襲？「屁啦，他們可能永遠不會發現，而且如果他們發現了，也只能怪你和把你的獎牌拿走，所以管他們去死。」她說。

當然了，早在演員成為我的職業前，我媽老早就讓我準備好面對這條路了。

綠燈

了解真相，觀察真相，並講述真相，都是不同的經驗。

當媽教導我們膽大包天的存在主義後，爸則教了我們常識。他是個注重男女尊稱、紀律、忠誠、堅持、職業道德、謙遜、成年禮、對女性的尊重、賺足夠的錢養家的男人。他也會繪畫、跳芭蕾、為綠灣包裝工（譯注：Green Bay Packers，位於威斯康辛州綠灣的職業美式足球隊）打球、喜歡投骰子賭博、追求龐氏騙局（Ponzi schemes）、賭贏物品而非買東西；他還夢想如果自己能「贏大獎」，使自己能退休的話，就在佛羅里達海灘上開間賣秋葵濃湯的小店。

爸以解構方式來建構自己的三個兒子，他尊重黃燈，也確保我們在表現自己的個體性前先學會基礎要件。用美式足球術語解釋的話，他教我們在擔任接球員前，先去阻擋或擒抱。

他的一家之主地位十分明確，而如果三個兒子中有人想挑戰這點，他就說：「你知道該上哪找我。」我們很怕他。不是因為他傷害或虐

Jim McConaughey

Already a veteran of two Bowl games, big Jim Mc-Conaughey wants to wind up his collegiate career by playing in just one more New Year's Day classic . . . A 210-pound, six-foot, two-inch senior end from Metairie, La., the 22-year-old youngster was a defensive starter on Bear Bryant's Kentucky club which lost to Santa Clara in the 1949 Orange Bowl . . . Picks last season's Salad Bowl game and the Texas Tech struggle as his most-enjoyable experiences in football. "Our defense was working good in both of 'em," he grins . . . Jim started his athletic career at Metairie, played all sports there and was member of a nine-man track team which won the Louisiana state championship in 1947. He placed first in the low hurdles, second in high jump, joined with three other team mates to get seconds in the 880 and 440-yard relays and the football shuttle . . . He was a basketball center his sophomore and junior years, then "got too heavy for all those sports" . . .

JIM McCONAUGHEY

He went to Kentucky in 1948, where he was a freshman teammate of Babe Parilli . . . Jim married the beauty queen of Kentucky's freshman class of '49, making the lovely Kay his bride last Dec. 22 . . . "The Salad Bowl game was our wedding trip," he grinned . . .

A good dancer who likes "slow music," Jim says he "doesn't have time" for other hobbies or sports. But he does play an awful lot of defensive end for the Big Red and, due to his size, weight, experience and maneuverability, coaches are planning on using "The Bear" on offense, too, this trip.

His Number Is 88!

待過我們，而是由於他是我們的父親。我們尊敬他。他超越法律與政府，也不會忍受笨蛋，除非你承認自己很笨。他是個對弱者和無助之人容易心軟的硬漢，也對世界與自己抱持粗暴的幽默感。他會說：「我寧可輸錢但玩得開心，也不要無聊地贏錢。」他也是個驕傲的人，如果你給他第二次機會，他永遠也不會忘記這點。某次在八〇年代晚期，在一位銀行家拒絕借錢給他還債後，他說：「你可以切斷我的活路，或一起度過難關。」他借到了錢，他們也共同度過了難關。他喜歡辦派對、喝啤酒、講故事，也擅長這三件事。

他的長子是麥克。比起照顧派特或我，他花了更多時間養育麥克；第一，麥克是他第一個兒子，第二，後來爸花了比較多時間出門工作。麥克是個充滿自信、鬥志旺盛、工作勤奮又精明的人，嬉皮般的心中充滿對世上弱者的同情。他在壓力下相當冷靜，擁有如鱷般的痛苦承受度；當事情走下坡時，他也是你第一個想找的人。「他逃過鬼門關很多次。」媽總是這樣形容他。「我得為你和派特禱告，對麥克就不用了。」

由於自小就相當尊敬《舊約聖經》，使我們成了虔誠的家庭，但地獄烈火並不是一切。不，我父母的教條中也有耶穌更為慈悲的教誨。

當麥克上高中時，他開始留長髮。頭髮長到使他的美式足球隊教練吉姆·卡德威爾（Jim Caldwell）要求他把頭髮剪短。我爸也同意，但麥克拒絕了。

　　當我爸隔天載麥克去學校時，就說：「你看起來像個嬉皮，兒子；如果你不剪頭髮，教練就會把你踢出球隊。」

　　「我不在乎，老爸。這是我的頭髮，如果他想把我踢出球隊，那就踢吧，我才不剪頭髮。」

　　「好了，兒子，聽我說，別那麼固執，把該死的頭髮剪了。」

　　麥克忿忿不平地說：「不，爸。我不剪。」

　　「兒子，我告訴你──」

　　「耶穌也留了長髮！」麥克脫口而出。

　　車內一片沉默。打出宗教牌是個狡猾的招數，麥克也清楚這可能會讓自己得到優勢。沉默的爸繼續開車。

　　當他們準備抵達學校入口，麥克也正相信他的「耶穌」招式成功時，爸就踩下油門，往前加速。

　　「搞什麼，爸，你在幹嘛？」麥克問道。

　　爸一語不發地開到離麥克的學校八英哩的位置。他忽然把車停到路邊，傾過身打開側門，把我哥推出門外，並說：「好呀，耶穌也到處走路，小子！」

　　我哥那天上學遲到了。不只因為我爸把他丟在學校八英哩外，也由於他在路上去了理髮廳。

　　爸從一家德士古（Texaco）加油站的經理，一路做到管線運輸工，再成為一家名叫詹斯可（Gensco）的當地公司中的管線銷售員。他是個很棒的管線銷售員。我哥哥也迅速成為了厲害的管線銷售員。一年內，二十二歲的麥克就成了公司中最頂尖的銷售員。老闆讓他負責

公司最大的業務：一位名叫唐‧諾爾斯（Don Knowles）的買家。爸對麥克感到非常驕傲，但麥克依然是他的兒子。

我們在房屋後頭的泥濘巷道旁有座老舊的木造穀倉，爸把一台當他運輸管線時留下來的十八輪大卡車停在裏頭。那是個周六夜。

「今天晚上，來穀倉裡喝點啤酒和丟飛刀吧。」爸告訴麥克。

「好呀，老爸，天黑左右見。」

大約十點時，喝了幾瓶啤酒後，爸終於停止了。「我們像以前一樣去滾些管線吧，兒了，好久沒幹了。」

「滾管線」就是開沒載貨的十八輪大卡車到某人的管線儲存場，把對方的管線運上車，再開車偷走這些貨。當爸還在運管線時，曾和麥克在某些週六夜晚這樣做。

「你想滾誰的管線，老爸？」

爸面對麥克並說：「唐‧諾爾斯。」

糟了。

「不，爸，我不幹。我才剛接下唐‧諾爾斯的案子，你曉得的。」

「我當然曉得。是我幫你搞來詹斯可的工作，小子；如果不是我，你就拿不到那項業務。你聽誰的話，小子？是你老子還是他媽的唐‧諾爾斯？」

「好了，爸，你知道這樣說不公平。」

「什麼不公平！？你現在屬害到不像以前一樣和你老爸滾管線了嗎？啊？你翅膀硬了嗎，小子!?」

糟了。

「好了，爸，冷靜點…」

爸脫掉襯衫。「不，來看看你變多屬害了，小子。你以為你強到不用聽老爸的話了嗎？你得打到我，才能證明這點。」

「好了，爸，我不要——」

砰！爸用右手一巴掌甩在麥克臉上。麥克往後跌撞地退了一步，接著挺起身並開始捲起袖管。

「確定要這樣搞嗎？」麥克說。

「對，就是要這樣搞，來吧，小子。」

爸身高六呎四，兩百六十五磅重。麥克身高五呎十， 一百八十磅重。

糟了。

爸採取蹲姿，往麥克的下顎揮出一記右鉤拳。麥克倒了下去。爸走向他。

倒在地上的麥克重振精神，並在身旁看見一塊五英呎長的2×4木板。

當爸準備揮拳時，麥克抓起2×4木板，並用它像球棒般打中爸頭部右側。

爸蹣跚地後退，明顯有些頭昏，但依然站穩了腳步。

「住手，爸！今晚我不想和你打架，也不想偷唐‧諾爾斯的管線！」

耳朵流血的爸，轉身並用另一記右鉤拳把麥克打倒在地。

「你最好不打，小子。」他說，並繼續毆打地上的兒子。

由於2×4木板落在遠處，爸還再度撲到他身上，麥克從地上抓起一把砂礫，並將之灑到爸臉上，使對方一片盲目。

爸跌撞地後退，努力想維持平衡。

「夠了，老爸！結束了！」

但狀況還沒結束。看不見的爸順著麥克的嗓音追去。麥克輕易閃過他。

「夠了，爸！」

爸像隻耳朵流血的盲眼狂熊，再度衝向麥克。

「你在哪，小子？不跟老子一起滾唐‧諾爾斯管線的兒子在哪？」

麥克撿起五英呎長的2×4木板，並擺好架式。

「爸，我再說一次，結束了。如果你再過來，我就要用 2×4 木板把你打昏。」爸清楚聽到他的話，並穩住自己，然後說：「試試看吧，小子。」接著衝向麥克。

砰！2×4 木板打中了爸的頭。

昏厥的爸倒在地上。

「該死，爸！？」麥克震驚地說，懷疑自己是否殺了對方。

麥克邊哭邊在爸身旁跪下，喊道：「該死，爸！我叫你不要過來了！」

爸一動也不動地躺著。

麥克跪在老爸身邊整整四分鐘半，不斷哭泣。

「我不想這樣做，爸，是你逼我的。」

爸恢復了意識，並緩緩站起身。

「對不起，爸！」麥克喊道。「對不起！」

我爸挺直身子，並拭去眼中的砂礫。帶著震驚與恐懼流淚的麥克，則準備好可能得再打一架。目光恢復清晰的爸，則注視著剛把他打昏的年輕人，也就是他的長子。

決鬥結束了。淚水也從我爸臉上流下。但那是充滿驕傲與喜悅的淚水。爸張開雙臂走向麥克，並充滿愛意地緊抱住他，在麥克耳邊說道：「不愧是我的兒子，不愧是我的兒子。」

從那天起，麥克就與爸平起平坐，爸也對他抱持尊重。爸再也沒有在肉體、道德、思想上挑戰過麥克。他們是最棒的朋友。

TO LOSE THE POWER OF CONFRONTATION IS TO LOSE THE POWER OF UNITY

失去面對的力量，等同失去團結的力量

成年禮對我爸而言意義重大，如果你敢跟他單挑，你就得證明自己。麥克成功了。

第二個經歷我爸轉大人方式的對象是派特。在過去四十年內，當公雞在德州西部追求事業、而我在好萊塢拼命時，派特一直都是家中最忠誠的成員，也總是待在媽身邊。他從小就照顧我，幫我承受問題，讓我和他朋友玩，介紹我聽搖滾樂，教我如何打高爾夫球和開車，如何邀女生約會，也買了第一瓶啤酒給我。

派特是我的英雄。他的英雄則是伊佛·肯尼佛（譯注：Evel Knievel，美國知名機車特技演員，於二〇〇七年過世）。

派特　　　　　　　　　　　　　　　　　　　　　　　　麥特

派特與爸的成年夜在一九六九年早春時的某個星期五發生，當時離我的奇蹟性出生還有八個月。爸和幾個朋友去弗萊德·史密瑟（Fred Smither）的狩獵營地，該地離家只有幾小時的車程。他們當晚的娛

樂是看誰的小便能噴得比自己還高。從最矮到最高的人都站在穀倉牆上，在頭頂做個記號，其他人則得嘗試在不墊腳的情況下，讓小便噴得比記號還高。爸贏得冠軍，因為他是唯一能尿到六呎四高的人，那裡正是他在頭上畫的標記。獎品呢？炫耀權。

但爸並非當晚穀倉中最高的人；六呎七高的弗萊德・史密瑟才是。即便爸已經贏了比賽，他還是得看自己能否尿得比弗萊德的頭還高。弗萊德站起身，在牆上做了記號。

「來吧，大吉姆！你辦得到！」他的朋友們歡呼道。老爸喝下另一瓶啤酒，仰起身子，一股腦地解放自己。

不行，六呎四是他的極限了。

「我就知道，我就知道你尿不過我的頭頂，大吉姆；該死，根本沒人辦得到呀！」弗萊德・史密瑟宣稱道。

爸迅速回答：「我兒子可以。」

「屁啦，吉姆，你兒子或其他人才不可能尿得比我的頭還高。」弗萊德竊笑道。

「他最好不行；你想賭什麼？」

「你想賭什麼？」

爸看了一眼停靠在穀倉角落乾草堆旁的本田 XR-80 越野摩托車。派特一整年都吵著說，聖誕節想要一台越野摩托車，但爸知道無論是新車或二手車，他都買不起。

「我和你賭那台小越野摩托車，就賭我兒子能尿得比你的頭高，弗萊德。」

眾人對此聒噪起來。弗萊德望向越野摩托車，接著轉回面對爸，並說：「成交，如果他辦不到，你就欠我兩百塊美金。」

「我拿不出兩百塊美金，弗萊德，但如果我兒子沒辦法尿過你的頭，

你就可以拿走我的卡車。」爸說。

「成交。」弗萊德回答。

「成交。我早上會帶我兒子回來，你們最好別睡過頭。」

於是，爸跳上他破爛的小貨車，並開了一百一十二英哩回到我們位於尤瓦爾迪（Uvalde）的家中接派特。

「起床，小伙計，起來了。」爸說，並平靜地搖醒派特。「穿上大衣和鞋子，我們要出去了。」

八歲的派特爬下床，套上一雙網球鞋，並在緊身白內褲外套上一件大衣，接著走向浴室。

「不不不，你得憋著。」爸一面說，一面把派特推出門。

爸開了一百一十二英哩，載派特回到弗萊德・史密瑟的狩獵營地，沿路還逼他喝了兩瓶啤酒。當他們在清晨四點四十分抵達營地時，派特的膀胱已經蓄勢待發了。

「爸，我真的得尿尿。」

「我知道，我知道，兒子，再忍幾分鐘就好。」

爸和穿著網球鞋、大衣、白色內褲的派特走進穀倉。大家已經安靜下來，但還醒著。弗萊德・史密瑟也是。

「大夥們，這是我的兒子派特，他準備好要尿過弗萊德的頭了！」

他們再度哄堂大笑。賭局開始。

弗萊德悠閒地走到小便牆邊，站直身子，並在頭頂畫下一道新線，高度有六呎七。

「怎麼了，爹地？」派特問道。

「你看到弗萊德先生在牆上做的記號了嗎？」

「有。」

「你想你可以尿得比它高嗎？」

「當然可以。」派特回答，接著把緊身白內褲脫到膝下，雙手握住老二，瞄準記號，並一洩如注。

派特尿得比弗萊德‧史密瑟的六呎七記號還高了兩英呎。

「這就是我的好兒子！我說過我兒子可以尿過弗萊德頭頂了！」

爸衝到穀倉角落，抓起本田 XR-80，並把車牽到派特身旁。

「聖誕快樂，兒子！」

接著他們把機車搬到爸的卡車後頭，跳上卡車，並開了一百一十二英哩的路回家，剛好趕上早餐。

十四年後，派特成為密西西比三角洲州立大學（Mississippi Delta State）「州立人」（Statesmen）高爾夫球隊的頭號選手。身為被稱為「德州種馬（Texas Stallion）」的零差點球員，派特在舉辦於阿肯色州野豬隊（Arkansas Razorbacks）主場的東南聯盟（SEC）大賽中贏得了「低分受獎者」的名聲。教練在開回家的公車上舉行的團隊會議中說：「明天早上八點，準時來我家。」

隔天早上，教練要隊伍到客廳來，在他身邊集合，並說：「我有些擔心，昨天的大賽前，我們隊上有些成員在小岩城市立公園裡抽大麻。我們現在要做的，就是找出究竟是誰從三角洲州立大學帶大麻到小岩城，以及誰抽了大麻。」

他盯著派特。

派特向前走，他從小受我爸教育，深知說出真相能拯救自己。

「教練，是我。我買了大麻，也有抽。」

派特獨自站在原地。沒有任何隊員走過去或說話，即便有三人那天

早上和他一起穿過小岩城的旋轉平台。

「沒有別人嗎？」教練問。

沒人回應。

「明天我會讓你們知道我的決定。」教練說。「解散。」

隔天早上，教練來到派特的宿舍房間。

「我要告訴你父親，而且你下學期禁止打高爾夫球。」

派特倒吸一口冷氣。「嘿，教練，我把真相告訴你了…我還是隊上最厲害的高爾夫球員。」

「無所謂。」教練說。「你打破了關於毒品的隊規。你被停賽了。我也要告知你父親。」

「聽著，教練，」派特說。「你可以禁止我參賽，但你不能告訴我父親。你不懂，你可以跟他說我酒駕。但大麻？他會宰了我。」派特在青春期晚期曾有好幾次被逮到抽大麻，而在被瞧不起大麻的爸痛扁過後，他得確保不會有第三次事件發生。

「嗯，那是你和他之間的問題。」教練不讓步。

派特深吸一口氣，「好吧，教練，我們去兜個風。」

他們搭上派特的一九八一年 Z28 老車，並開上橫跨三角洲州立大學的車道。沉默了十分鐘後，派特終於開口：「讓我把話說清楚，教練。你可以禁止我出賽，但如果你打給我爸…我就殺了你。」

派特遭到禁賽。

我爸從來沒發現這件事。

CONSERVATIVE EARLY Liberal LATE

保守得早
自由得晚

創造架構，你才能擁有自由。

創造自己的天氣，你才能隨風翱翔。

劃出你的方向，你才能在路上急轉彎。

打理自己，你才能變髒。

先編舞，才能跳舞。

開始自創字前，先學會讀書寫字。

跳進池子前，先檢查裏頭有沒有水。

飛行前，先學會航行。

先當新人，再就職。

賺到你的周六。

開始任何新計畫前，我們在早期都需要紀律、指引、內容、責任。那是犧牲的時刻。
學習、觀察、注意。

如果和當我們了解空間、技術、人們、計畫時，我們就能大張旗鼓地進行創作。

創造力需要邊界。

個體性需要抗力。

少了它們，就不會有形體。

沒有藝術。

如我所說，我是個意料之外的驚喜（我媽依然稱我為一場意外），而我爸總是半開玩笑地跟她說：「那不是我兒子，凱蒂，他是妳的兒子。」在我的成長過程中，爸很常出外工作，努力賺錢照顧家庭，因此我大多時間都和媽度過。這是事實。我是媽媽的乖兒子。當我能花時間和爸相處時，我就享受著每一刻。

我想要也需要他的認同，他有時也對我展現這些情感。其他時間中，他則用極度特殊的方式重整我的考量。

The best way to teach is the way that is most understood.

最能使人理解的方式，就是最佳的教學方式。

小時候，我最喜歡的電視節目就是盧‧弗里基諾（Lou Ferrigno）主演的《無敵浩克》（The Incredible Hulk）。

我感嘆於他的肌肉，也會脫掉上衣站在電視前，彎曲雙臂，抬高雙拳，努力模仿全身肌肉的健美體型。

有一晚，爸看到了我。「你在幹嘛，兒子？」他問。

「總有一天，我要有那種肌肉，爸。」我說，一面指向電視螢幕。「跟棒球一樣大的二頭肌！」

爸輕笑出聲，接著脫掉他的上衣，也在電視前擺出和我一樣的姿勢，並說：「對，大二頭肌能讓女生尖叫，看起來也很棒，但那個電視上的小子肌肉多到讓他沒辦法彎腰擦屁股…二頭肌？只是好看而

已。」接著他緩緩把雙臂伸到面前，伸直雙臂，並把雙拳靠在地上，接著他把手臂往內彎，露出一對龐大的三頭肌。

「但三頭肌呢，兒子，」他說，這次用鼻子來回指向他上臂背部鼓起的肌肉。「那才是工作用的肌肉，也就是供你吃住的肌肉。三頭肌？它們是賺錢用的。」我爸寧可擔任工人，也不願成為演員。

一九七九年夏季，爸把媽、我、派特從德州尤瓦爾迪（人口一萬兩千人）搬到國內成長最快的東德州鑽油城市：長景（Longview）（人口七萬六千人）。尤瓦爾迪教我做事，長景則教我做夢。

和大家一樣，我們為了錢而搬家。爸當時還是管線推銷員，長景則是能使鑽油業大發利市的地點。搬進城裡不久，派特就去了高爾夫球營，媽則去佛羅里達的納瓦爾海灘（Navarre Beach）上的海灘小屋渡「長假」。在二十幾歲就成為百萬富翁的公雞，搬到德州密德蘭（Midland），因此只有爸和我住在位於城市外圍的雙倍寬露營拖車中。

我爸能用雙手造成傷害，但他也能用同樣這雙手進行治療。當我媽的偏頭痛發作時，止痛藥不會比我爸把手放在她頭上有用。無論是骨折的手臂或破碎的心，爸的雙手與擁抱都能治癒，特別是幫助落水狗或無法自救的人時。

那年夏天和爸與我一同住在雙倍寬拖車中的另一個房客，是一隻名叫吉利（Lucky）的玄鳳鸚鵡。爸很愛那隻鳥，那隻鳥也愛爸。每天早上，他都會打開她的籠子，讓她在拖車裡飛翔；當他四處走動時，她會停在爸肩上，也在爸拍拍她時停在爸的前臂上。他對吉利說話。

吉利也向他說話。

只有當夜晚要睡覺時，我們才會將吉利放回籠裡。其他時間裡，吉利則能自由在拖車中飛行到晚上。唯一的規則是，當你進出門口時得「小心」，這樣吉利才不會逃出去。

有天下午，在徒步探索鄉間的七月天後，我回到拖車，同時爸也剛下班到家。

當我們進車時，吉利並不如往常飛來迎接爸。我們四處尋找她。吉利不見了。我想：「該死，我今天早上出門時不小心讓她飛出去了嗎？當我們今天出門時，有人進來過嗎？」

幾秒後，我聽見爸的聲音從拖車後頭傳來：「噢天啊，天啊，不，吉利。」

我跑到後頭，發現爸跪在馬桶前。浮在馬桶中的，則是吉利。淚水從爸的臉頰上滴落，他把雙手伸入馬桶中，溫柔地撈出吉利。「噢，不，吉利，不…」他邊啜泣邊呻吟道。吉利死了。全身濕潤。一動也不動。她肯定不小心掉進了馬桶中，並且在試圖逃出來時被馬桶座卡在底下。

不停啜泣的爸把吉利濕漉漉又毫無生氣的軀體拉近他的臉，並仔細檢視她低垂的頭。接著他張大嘴巴，緩緩將吉利放入口中，直到只有她的翅膀下半部與尾翼露在他嘴巴外。他開始對吉利施行口對口人工呼吸。他只透過鼻子呼吸，已讓空氣持續流入她肺中；他確保自己小心翼翼地呼氣，希望能使她復甦，而不會吹爆她微小的肺部。他跪在馬桶前的地面，捧著名叫吉利的玄鳳鸚鵡下半身，鳥兒的上半身則在他嘴裡，他以恰到好處的壓力向她身體裡吹氣。吐一口氣…兩口氣…三口氣。他的淚水浸濕了早已溼透的鳥兒。四口氣…五口氣…一根羽毛顫動起來…六口氣…七口氣…一側翼尖微微抖動。八口氣…爸輕輕

地減輕握力，雙脣也放鬆了些。九口氣⋯另一只翅膀試圖鼓動。他把嘴巴微微張開。十口氣⋯此時，我們聽見從我爸嘴裡傳來一陣微小的鳥叫聲。爸痛苦的淚水轉為喜悅的眼淚，並輕柔地將吉利的身體與頭從嘴裡拿出。吉利把一些馬桶水與唾液從頭上甩掉。他們面對面望著彼此的雙眼。她曾經死去。現在她起死回生了。吉利又活了八年。

上帝很幸運。

幸運女神即爲好運，

好運是命運的姊妹，

命運是神聖秩序，

神聖秩序即爲上帝。

所以，依我所見，

如果你相信運氣，

你就相信上帝。

那年夏天，當爸每天去工作時，我就去探索無邊無際的皮內伍茲（Piney Woods）；我光著腳丫，裸著上身，只在腰間繫了條羚羊皮帶，手上則拿著戴西牌（Daisy）BB 槍。來自尤瓦爾迪的我，從未看過這種樹木。數以千計的高聳松樹直上雲霄。我對其中一株特別感到

訝異：那是一棵長在美國黃松木之間的白松木，底部有六英呎寬，樹頂則延伸到高空中。

　　某天下午接近傍晚時，我正拿著戴西槍在離家一英哩外處追逐松鼠，這時我碰上了一道約莫十英呎高的圍籬。上頭滿佈藤蔓、雜草叢生，還裝有幾張標有「禁止通行」的告示。我蹲下身，扯掉一些植被，並往裡頭窺視。另一頭有座伐木場。裡頭有戴著安全帽的男子們，也有幾台堆高機在運作，以及成疊的2×4與4×4木板，和膠合板。「太好了，」我想。「這能用來搭樹屋。」

　　我也曉得該用哪棵樹。我待在那裏，直到他們關閉堆高機，並收拾工具下班回家。當時大約傍晚六點。我跑回家，腦中想出了一個計畫。我不能把這項計畫告訴爸。我將會把那年夏天中的三個月都花在這項計畫上。

　　隔天早上吃完早餐後，爸一如往常地在六點半去上班。一等他離開，我就去拿我們的工具箱，並取得了自己在找的東西：剪線器。我套上羚羊皮裙，抓起戴西槍，把鞋子留在衣櫥裡，並跑去找我的目標。

　　我要怎麼執行這項任務？我想，伐木場裡整天都有人工作，所以我得等晚上再來。萬一我被伐木場的人逮到呢？萬一我晚上偷溜出門時被爸逮住呢？萬一他發現我從離家半英哩外的伐木場偷木頭的話呢？我很緊張。但我也感到興奮。

　　當晚像平常一樣吃完晚餐、並看完《無敵浩克》後，爸和我就互道晚安。我躺在床上，思考自己該等多久，才該打開拖車臥房的窗戶偷溜出去。我可以聽到爸還在拖車另一頭傳來動靜，因此我等到連最微小的聲響都靜止了至少一小時後，才開始行動。我緩慢又無聲地離開床舖。我套上羚羊皮裙，把鞋子留在衣櫥中，抓起我的戴西槍，還有一把小手電筒，以及剪線器。我把它們全都拋出窗外，扔到底下的草

皮上，接著爬出窗口，前往我的秘密藏寶處。

　　當時大約凌晨一點。我想自己該在五點前回到家中的床上，因此我只有幾小時能工作。伐木場一片寂靜。我把幾顆石頭拋過圍籬，想看看裏頭有沒有看門狗。什麼都沒有。我拉開一些藤蔓與灌木，接著把手電筒夾在下巴與胸膛間，並用雙手把剪線器移到圍籬上的第一道鐵鍊上。喀嚓。我雙手用盡全力才剪開鐵鍊。喀嚓。喀嚓。喀嚓。喀嚓。直到我清出了六英呎寬、一英呎高的開口，大小足以讓膠合板通過，也小到不會被發現。我希望啦。

　　腎上腺素上升的我躺在地上，扭動著鑽過圍籬，進入私人土地中。我走到4×4木板堆旁，把一塊木板扯下來，並將它拖過圍籬上的開口。我把它盡可能地推遠，接著爬到圍籬底下，將膠合板從另一側拉出，再把它拖到數百碼外的森林深處，並把它留在大型白松木底下。接著我跑回去偷另一張木板。等我把第二張木板搬到樹下，就已經有些超過四點半了，於是我跑回圍籬，把灌木與藤蔓放回原處，遮住我挖出的開口，接著跑回家去。我爬進窗口，把戴西槍與手電筒放回架上，再把剪線器塞到床墊下，並鑽進棉被裡，睡到爸在六點叫我起床做早餐時。

　　這種狀況持續了一個月。由於晚上睡得很少，白天時我會在白松木旁的木板堆小睡，接著回家吃晚餐，並一再重複這過程。我每晚都這樣做，直到我拿到足夠的2×4與4×4木板和膠合板，以便打造全世界最大又最高的樹屋。

　　度過我計畫中最危險的部分後，夏天還剩下兩個月，因此該開始建屋了。我也從伐木場中偷了四十英呎的十五規釘槍鋼釘，還從家裡的工具箱中拿了一把鎚子和二十六英呎長的手鋸。我需要的只有日光。

　　我六點起床，並在七點前出門；接下來的兩個月內，一週七天內我

都忙著建造樹屋，直到天黑。我上身赤裸並打著赤腳，只穿著羚羊皮裙，並將兩捲用紙包起來的釘子交叉掛在肩上和胸口前。我看起來一半像是科曼奇印地安人（Comanche Indian），一半又像是龐丘・比利亞（譯注：Pancho Villa，墨西哥一九一〇年革命領袖），並拿著鏈子上工去。我從一樓開始往上動工。我在每座樓層上挖出了 2×2 英呎寬的洞，並在洞旁的樹幹上釘上 2×4 木板，以作為通通往各樓層的階梯。我也在每層樓上做了滑輪系統。每天早上，我會打包午餐，把它帶去我的工地，把棕色紙袋放進滑槽中，爬到最高的樓層上，然後在午休時間把三明治拉上來吃。

當我在六週後完工時，樹屋已經有十三樓高了。

第十三樓離地面有一百英呎高。我在上頭可以遠眺十五英哩外的長景市區。接下來兩週內，我每天都待在上頭，位於全世界的頭頂，並把棕色午餐紙袋拉上來，一邊做白日夢，還發誓自己能看到地平線邊的地球曲線，也終於理解為何長景得到了這種地名。

那是我一生中最棒的夏天。

綠燈。

接著九月到來，我也得回學校去。媽從佛羅里達回來，我們很快就搬到城鎮另一頭的住宅中。我再也沒見過那座樹屋了。

我經常想知道，樹屋到現在是否還在原處。當我拍電影《泥土》（Mud）時，很常想到那座樹屋。我的樹屋就是那些男孩們的「樹上的船」。它是一個秘密，也是謎團，同時還是危險、奧妙、與夢境之地。如果《泥土》在一九七九年上映的話，我爸就會向我說：「嘿，老兄，我看到有部叫《泥土》的電影，我們該一起看，那真是部好

片。」我可能會對他說：「爸，我在森林裡蓋了座樹屋，我得讓你看看，那真是個好東西。」

噢對，記得我媽去佛羅里達那場「長假」嗎？二十年後我才得知，其實她並沒有去度假，而是和爸經歷了第二次離婚。

IT'S NOT VANITY, IT'S COMMERCE.
(UNTIL IT'S VANITY AGAIN?)

那並非虛榮，而是商業。(直到它又變成虛榮？)

高中時，我們依然住在長景鎮另一頭的房屋中。媽剛開始賣一種叫做「貂油（Oil of Mink）」的產品，她挨家挨戶兜售這種臉部化妝品。它被吹捧為突破性的肌膚保養品，能「排出妳皮膚中的所有雜質」並「用美麗的貂油滋潤妳的臉孔，讓妳終生都有亮麗的臉色。」

在此同時，我正進入青春期；你懂的，長出陰毛，睪丸變大，嗓音變低…還長了幾顆青春痘。

有天我媽看了我的臉，並說：「你該用貂油！」

由於我重視外表，我就聽了她的話，並開始在每晚睡覺前往臉上擦貂油。結果？更多青春痘冒了出來。

「它一定是把雜質逼出來了！」媽說。

我又聽了她的話，並繼續每晚都往臉上塗貂油。

一週過去了。又長了更多青春痘。

十二天過去了。我臉上長了幾近爆發的痤瘡群。

「媽，妳確定我可以用這種東西嗎？」我問。

「當然啦，但讓我打給我老闆伊蓮（Elaine），讓她過來確定一下。」

伊蓮過來看我腫脹又滿佈膿皰的臉孔。

「噢，哇！」她驚叫道。「對，產品就會產生這種效用。它把雜質都逼出來了！天啊，你一定有很多雜質，馬修！每天晚上繼續擦貂油，它遲早會逼出所有雜質，然後你一輩子就都會有亮麗的臉色了！」

該死，好吧。聽起來我只好硬著頭皮撐下去了。我繼續擦油。

三週過去了，我整片臉頰都紅腫起來，還長滿紅色膿皰。龐大的白頭粉刺。宛如間歇泉爆出的膿液。我看起來像截然不同的人。

我決定不理睬我媽的建議，前去看皮膚科醫師。海斯金斯醫生（Dr. Haskins）看了我的臉。「天啊，馬修，搞什麼…你臉上的毛細孔全都堵塞了，把油和油脂都塞在裡面。完全沒有空間讓它們透氣。你在臉上塗了什麼？」他問。

我拿出一罐貂油。他檢查了標籤。

「你用這種產品多久了，馬修？」

「二十一天。」

「天啊，不，不，不！這是給至少超過四十歲的人用的，絕對不能給經歷青春期的青少年使用，你的皮膚分泌的油脂更多。這種產品完全堵住了你的毛細孔，馬修；你現在長了嚴重的結節性痤瘡（nodular acne）。再過十天，你一輩子在臉頰上就都會有冰鑿型痘疤了。我要開一種叫做異維A酸（Accutane）的藥丸給你。希望我們能及時阻止病情，讓異維A酸讓你的皮膚變乾，使你能在一年內擺脫痤瘡，希望也不會留下終生傷害。」

「這個嘛，貂油完全沒效，對吧，馬修？」媽無辜地說道。

「對，媽…完全沒效。」

　　我立刻捨棄貂油，改用異維 A 酸，但它也帶來自己的副作用。幾週後，我的皮膚開始變乾，臉也開始脫皮掉屑，嘴唇上的皺紋乾燥流血，膝蓋產生關節炎，我還起了頭痛，頭髮開始脫落，也產生超敏反應，整個人活像是水腫的李子。為了除掉貂油引起的青春痘，我樂於接受這些副作用。

　　但這並非故事的結尾。不，在麥康納家中才沒這麼簡單。我爸嗅到了機會。

　　「我們得告他們！！！那家該死的貂油公司！我們得這樣做。我們要告他們，從這件事中弄到一點錢。我指的是，看看你啊，兒子，他們根本不該給你那種產品，小子；還有那個女人伊蓮，她不應該叫你媽給你那東西！我跟你說，我們告定了。」

　　爸帶我去見他的律師傑瑞·哈里斯（Jerry Harris），他是個英俊又博學的中年男子，身上散發出一股自信氛圍，令你覺得他來自達拉斯，而非長景。

　　「說得沒錯，我們告定了。」傑瑞說。「這項產品根本不該被用在青少年身上，瓶子上也沒有關於潛在傷害的聲明或警告，我也確定你經歷的一切痛苦…」

　　傑瑞和我爸把注意力聚焦在我身上。

　　「你也承受了極大的壓力，對吧，馬修？」

　　「呃…對。」

　　傑瑞拿出一台錄音機，並按下紅色按鈕。

　　「對，怎麼了？」他問。

　　「我…目前承受了極大的壓力。」

　　「為什麼呢？」他問，一面點頭。

　　「因為…我的臉上現在有在我還沒使用這種貂油產品前，從沒長過

的惡性青春痘？」

「沒錯。」傑瑞說，「這種困境影響了你的自信心嗎？」

「是的，先生。」

「它造成了什麼變化呢？」

「我的自信降低了。」

「很好。它影響了你跟女孩們的關係嗎？」

「我是說，在我長青春痘前，我和女孩子相處得很好，現在就不太好了。」

「沒錯。」傑瑞說，一面關掉錄音機。

「我們搞定了，吉姆。情緒壓力很能幫助定案，而且天啊，看看他，腫得跟豬頭一樣。我想我們可以弄到三萬五到五萬美金。」

爸的臉上露出槍手般的咧嘴笑容。他和傑瑞用力地握了手，並拍拍我的背。

「幹得好，孩子，幹得好。」

你也曉得，訴訟案件得花點時間。離我使用貂油已經過了兩年，而由於我的膿皰早就消失，臉上也毫無青春痘，也沒有明顯副作用，異維A酸肯定起了效用。我被傳喚去和代表貂油的辯護律師作口供。桌上放了錄音機，紅色按鈕也被壓了下去。

「馬修，你好嗎？」

「我很好，謝謝你。」

「我對這一切發生在你身上感到遺憾，馬修，這段時間對你而言一定帶來相當大的情緒壓力。」

我不敢相信這件事。辯護律師居然投了個順風球給我，我也準備擊出全壘打。

「是的，先生。那段時間給我的情緒壓力很大。我是說，我看起來

像是象人（譯注：Elephant Man，十九世紀英國的真實畸形人士，曾被改編為電影），我的頭皮很乾，也掉了頭髮，膝蓋痛，背也痛，臉上脫皮，我沒有自信，而且我和女孩子的關係也變差了。我是說，那種貂油差點使我終身受創。」

「噢，天啊，年輕人。我不敢想像你之前到現在經歷的狀況。」

我附和道：「是的，先生，沒錯。」

他盯著我看一下，接著嘴角開始流露出柴郡貓（譯注：Cheshire Cat，《艾莉絲夢遊仙境》中的神祕生物）般的竊笑，並伸手到桌下，拿出一本那年（一九八八年）的高中畢業紀念冊（我的高中畢業紀念冊）。他緩緩打開冊子，並翻到一張做了記號的頁面，再將這本書轉過來面對我，然後將書推向我。接著，他屈身彎過桌面，把手指放在其中一張相片上說：「這是你嗎？」

Most Beautiful is Camissa Springs and Most Handsome is Matthew McConaughey.

最美人選是卡米莎・史普林斯，最帥人選則是馬修・麥康納。

There's bullshitters and there's liars.

Difference is, the liar tries
to hide his bullshit while the
bullshitter lets you know he's lying.

That's why I like bullshitters
more than liars.

世上有吹牛大王和騙子。
不同的是，騙子試圖掩飾他的鬼話，吹牛大王則讓你明白他在說謊。
因此比起騙子，我比較喜歡吹牛大王。

　　沒錯。那是我與卡米莎・史普林斯（Camissa Springs）的照片。我們倆胸前有條絲帶從肩膀延伸到臀部。她的絲帶上頭寫「最美人選」。我的則寫「最帥人選」。

　　該死。我當下就明白案子完蛋了。他逮住我了。

　　「終身受創呀？這麼…有情緒壓力啊。」他說，笑容咧得更大。

　　我說對了。我們完蛋了。案件遭到撤除。

　　我爸氣急敗壞，他囉嗦了好幾週，不斷咕噥說：「該死，小子！！！我本來有機會能在這場我們贏得了的官司中賺到三萬五到五萬美金！你居然跑去贏了『最帥人選』！你搞砸了整件官司啊，兒子！該死，小子！」

幾個月後，當媽去納瓦爾海灘度第二段長假時（不是離婚，而是與彼此「放個假」），又只剩下爸和我同住，這次則待在我們的三房住宅中，而不是加長拖車。我在午夜門禁前回家。出乎意料的是，爸居然還醒著在講電話。

「當然好，費爾克（Felker）先生，他剛進門。讓我問問他。」當我走近他臥房時，我聽到他這樣說。電燈亮著，他則穿著內褲坐在床邊。他把電話從耳朵邊取下，並把電話夾在脖子與肩膀之間。

「你今晚做什麼去了，兒子？」

我早該知道自己被逮到了，但反而企圖謊騙教我騙術的人。

「呃，沒做什麼，我和巴德·費爾克（Bud Felker）去必勝客（Pizza Hut），然後他就載我回家。」我說。

「你有付買披薩的錢嗎，兒子？」

他給了我第二次坦承的機會，以免我因為比被逮到還更糟的行為受到處罰：說謊。但與其坦承自己的行為，也直覺地清楚他曉得我幹的事，我依然選擇自掘墳墓。

「嗯，我想是吧，爸…我是說，我比巴德早上車，也很確定他應該付錢了。」

我挖了自己的墳墓，墓穴也深到讓我無法脫身了。

「費爾克先生，謝謝你，讓我來處理。」接著他把電話放回架上。

我開始冷汗直流。

爸冷靜地把雙手放在膝蓋上，接著抬起下巴，注視著我的眼睛，這時我看到他已經咬牙切齒了。

「我再問你一次，兒子：你知道自己會偷那塊披薩嗎？」

我只需要說：「對，爸，我知道。」他就只會罵我沒好好計畫犯罪，並因我被逮到而用皮帶抽我的屁股幾下，但情況並非如此。

我睜大雙眼，牛仔褲胯下滲出了二十五分硬幣大小的尿漬；我結巴地說：「不，爸，我…我剛說…」

砰！我父親的右手甩上我的臉；他跳下床並打斷了我悲哀的懇求。我撞到地面，並不完全是因為他的打擊力道，而是由於我懦弱又慌張的雙腿完全站不穩。

我活該。這是我應得的。我自找的。我想要這樣。我需要這樣。我也得到了這種後果。

我對他撒謊，並擊碎了他的心。

偷披薩對他而言不算大事，他一輩子偷過太多披薩了。我只需要承認就好。但我沒這樣做。

我像我哥哥麥克一樣跪在地上，因震驚與恐懼而啜泣，但理由完全不同：我感到羞愧。不像在穀倉的麥克，我是個鼠輩、卑鄙小人、娘炮、懦夫。

我心裡只聽得到這句話：那不是我兒子，凱蒂，他是妳的兒子。

他站在我面前。

「必勝客的女服務生認出巴德。她查了他的電話號碼，然後打到他家，要他爸叫他明天拿錢來。巴德告訴他爸說，偷東西是他的主意，你只是跟著而已。但你騙我，兒子，還跟我說你不知道。」

他只想要我像個男子漢般站起來，承認我搞砸了，注視他的雙眼並讓這件事過去，但事情並非如此。

我畏縮起來，捏造藉口，並在他盯著我瞧時發出嗚咽聲。我牛仔褲上的尿漬擴散到腿部。

他對我的懦弱感到更憤怒，並像熊般四肢著地趴在我面前，接著嘲

諷我：「來呀，我讓你用四肢對我的一張嘴。用你的四肢好好揍我的嘴，就像我用手揍你的嘴一樣！」

震驚又麻木的我沒有照做。一想到要打我爸，就讓我的手變得像紙漿一樣脆弱。想到他揍我，更是讓我的大腦化為泥水。

「為什麼？為什麼？」他怒吼道。

無法回答的我，跌撞地用膝蓋撐起身子，並爬到最近的牆角，並畏縮到他終於站起身，並對我搖頭，想知道自己究竟做錯了什麼事，才養出這種懦弱兒子。

我經常後悔自己當晚做的事——或沒做的事。

我原本有機會經歷成年禮，能在他眼中蛻變為他的兒子或男子漢；但我畏縮不前，還尿濕褲子，因此搞砸了這場測驗。我哽咽起來。

第2章　*part two*

找到你的頻率

FIND YOUR
FREQUENCY

一九八八年春季

這是我在高中的第三年。我的運勢扶搖直上。我的成績名列前茅，有份讓我後口袋裡總塞了四十五塊美金的工作，高爾夫球差點數值有四，在班上贏得「最帥人選」，也和我學校裡和鎮上另一頭學校裡最美的女孩約會。對，我得到了不少綠燈。

我從來不是在派對上靠在牆邊抽菸的酷小子，不，我總是在派對上跳舞的那種人。那種人會追著女孩跑，並無論到得有多晚，都努力擠進每場演唱會的前排位置。我是個投機取巧的人。

我開了台卡車。放學後，我開那台卡車載女孩子去越野過泥　，我在前格柵上裝了擴音器，而在早上的學校停車場中，我會蹲在車廂中，並透過麥克風說：「看看凱西・庫克（Cathy Cook）今天穿的牛仔褲，太正點了！」

* off-road mudding，開四輪驅動卡車駛過東德州溼滑的溪流河床。

　　每個人都愛死了這點。每個人都會大笑。特別是凱西‧庫克。

　　我就是那種人。我是那種風趣的傢伙。我一頭栽入一切。

　　有一天，我駛過當地的日產汽車（Nissan）經銷店，並看到一台糖果紅的 300ZX 型號在出售。

　　我從來沒擁有過跑車，而這台居然還有敞篷設計。

　　我把卡車開到停車場上去詢價。店家非常想賣掉這台車。

　　我立刻用自己的卡車交換了那台糖果紅 300ZX…加上敞篷設計。

　　我有了一台紅色跑車。

　　每個周日午後，我都會擦亮那台紅色跑車，並幫它上蠟。它是我的寶貝。

　　在學校裡，我開始把車停在第三座停車場中，那是在學校後頭的空停車場，這樣其他車子的車門才不會撞凹或刮壞我新寶貝的烤漆。

　　我清楚比起卡車，女孩子會更喜歡我的紅色跑車，也會因此更喜歡我。我每天早上都提早到學校，停在第三座停車場中，並靠在它旁邊。

　　我超酷。

　　我的紅色跑車超酷。

　　幾週過去後，我開始注意到一些變化。女孩們不再像以往般對我有興趣。彷彿她們對靠在車子旁的我感到無趣了。

　　放學後，她們坐別人的卡車去越野過泥，而不是和我搭敞篷車遊走街頭。

我不像之前有那麼多約會了。女孩們似乎對我失去興趣。

我很好奇：發生了什麼事？

有一天我懂了。

我失去了我的卡車。

我失去了努力、投機感、越野過泥和擴音器。我失去了樂趣。

我忙著靠在第三座停車場中的糖果紅 300ZX 敞篷車旁。

我變懶了，也太常盯著鏡子裡的髮型看，只靠那台紅色跑車幫我吸引目光，而它表現得相當爛。

當我用卡車交換那台紅色跑車時，就騙過了自己，也輸掉了自己的魅力。

隔天放學後，我回到日產汽車經銷店，把我的卡車換了回來。

第二天，我再度停回第一停車場，透過擴音器和女孩們調情，並在放學帶她們去越野過泥。

就像上緊發條的時鐘一樣，我復原了。

他媽的紅色跑車。

消去與辨識過程

導向我們人生中身分的第一步，通常不是我知道自己是誰，而是我知道自己不是誰。這是消去過程。

有太多選項會讓我們成為暴君，所以我們該除去人生中不讓我們表現本性的多餘事物。當我們減少對自己無益的選項時，我們就會近乎意外地得到更多對自己有益的選項。

清楚自身本質是件困難的事。先消去與自身本質無關的事物，就會發現自己處在應去的位置。

　　我十八歲生日時，我父母對我說：「如果你還什麼都沒學到，就永遠學不會了。」在我的家庭中，十八歲生日是個重大時刻。它代表再也沒有規範。它代表沒有宵禁。它代表獨立。它代表自由。

　　我從高中畢業，也像大多孩子一樣，不確定自己下半輩子要做什麼。我的意思是，我以為自己想上法學院並成為辯護律師，但我不太確定。我媽想出了一個酷點子：「嘿，你喜歡旅行呀，馬修。如果你去當交換學生呢？」

　　我立刻接受。「聽起來有冒險性又狂野，我要去。」

　　我們去舉辦交換計畫的當地扶輪社（Rotary Club），並得知他們有兩個外國交換名額：一個是去瑞典，另一個則是去澳洲。太陽、海灘、衝浪、艾勒·麥可法森（譯注：Elle Macpherson，澳洲超模與演員）、英語系國家：我選了澳洲。

接下來，我就坐在當地扶輪社會議室書桌前，面對十二個西裝筆挺的人。在他們接納我的背景文件後，有個男人說：「我覺得你會是去遙遠的澳洲代表德州與美國的完美大使。我們很想讓你去，但在你去之前，我們需要你簽這份文件，聲明直到一整年交換期結束前，你不會回來。」

那感覺很怪。「但我就是要去一整年，計畫就是這樣。」

「每個人都這樣說。」他駁斥道。「但我們需要你簽這份合約的原因，是由於每個交換學生都會嚴重思鄉，並試圖提早返家。我們不能允許那樣，因此我們需要你簽這份聲明說：『我，馬修・麥康納，保證不提早返鄉，除非家族內發生悲劇或死亡事件。』」

「聽著，」我說，「我不要簽那份文件，但我會做出保證。我不會半途逃回家，我要去一整年。」我注視著他的眼睛。「可以嗎？」

他答應了，我們也握了手，我也迅速打包好行囊，準備去澳洲待一整年。我要在十天內出發。

幾天後，我收到澳洲的寄宿家庭督利家（Dooley）寄來的第一封信。上頭寫：

「我們等不及要見你了，也很期待你到我們家，馬修。我們住在樂園裡。地點靠近海灘，就在雪梨邊陲，你會很喜歡這裡的。」

對。太棒了。我希望中的一切（海灘，雪梨），這一定會很棒。澳洲，我來了。

馬修・麥康納
五百八十三區
一九六八年至一九八九年　　澳洲
二○二三號橡樹林宅
長景，德州，七五六○五
美國
電話：214-297-4462

第一天

　　我抵達了雪梨國際機場（Sydney International Airport）的航廈。我肩上扛著行李袋，沿著一道漫長的斜坡往下走，走向一座龐大的房間，裡頭有上千人在候機；此時我在聊天並與接機對象打招呼的人海中，聽見了一個嗓音：「馬修！馬修！馬修！」我的目光轉向聲音來源。我看到一隻手在其他人頭頂上下揮舞，並移向斜坡盡頭：「馬修！馬修！馬修！」

　　當我抵達一樓時，那個揮手叫我名字的人就在底下等我。他帶著充滿期待的笑容，並放下手，我則和他握手。見見諾佛·督利（Norvel Dooley）。他五呎四高，兩百二十磅重，蓄著鬍鬚，頭頂光禿，還帶了點英格蘭腔調；我後來發現，他慣以這種做作方式來使自己表現得更合宜。「哎呀，他來了，看看他，又壯又帥的美國男孩。歡迎來到澳洲，孩子！你會很愛這裡的。」

　　他向我介紹他的妻子瑪喬麗（Marjorie）。她穿著上頭有綠色大圓點的白色聚脂纖維洋裝，身高四呎十，坐在一台助步車上，因為她有脊柱後凸畸形症（當時我們稱其為駝背）。我彎下腰，給她一個大大的擁抱與親吻，她則抬起身子，用雙手捧住我的臉，並溫暖地說：「歡迎來到澳洲，馬修。歡迎來到你的**心**家族；見見我的兒子麥可。」麥可的襯衫被整齊地扣好，上頭還插了根筆套，他在腰帶右側布環上配戴一只裝了五十只鑰匙的鑰匙圈，我日後發現其中有四十八只毫無用處，和他父親的腔調一樣，只是為了滿足他的自尊。當我作勢要握手時，他便閃躲過去，熱情地緊抱住我，之後才後退並僵硬地拍我背部中央，唱道：「我的小弟弟！我的小弟弟！」

　　見見督利一家。

　　我們上了車，並離開機場。我坐在副駕駛座，諾佛開車，瑪喬麗和

麥可則待在後座。大約一小時後，我注意到後照鏡中的雪梨都會天際線已離我們遠去。就連邊陲地帶似乎也消失在視線中。我問諾佛：「所以…嚴格來說，你們不住在雪梨吧？」

「不，夥伴。」他驕傲地回答。「那是座大城市。到處是罪惡啊，夥伴。你不會想住在那裏，文明人不該住那。我們其實住在沿著路過去的一個小地方，叫做高士福（Gosford），位於中海岸上。地點很棒，還有美麗的海灘，你會愛死那裏的。」

我們繼續閒聊，又開了四十分鐘才抵達高士福。它似乎有接近幾十萬人的人口；它位於海岸上，擁有數英哩長的海灘，是個漂亮的時髦居所。「這裡真好，太美了。」我大聲說。他們一語不發。

我們繼續往市區開了十五到二十分鐘，此時我注意到高士福已經出現在後照鏡中。真奇怪。我又充滿敬意地問：「所以…你們其實不住在高士福吧？」諾佛則再度驕傲地回答：「噢不，那裏還是太過都市化了，老兄，道德敗壞啊；住在鄉間比待在那種地方好。我們其實住在過去一點一個名叫圖克雷（Toukley）的地方。你會愛死那裏的。」

我們又開了四十分鐘才抵達圖克雷。當地人口有五千人。裡頭有一盞紅燈，一間酒吧，還有一間小超市，但它依然位於海岸上，也是個漂亮的地方。「好耶，」我大聲說，「小鎮生活，這讓我想起自己的出生地，我滿喜歡這裡的。」他們也一片沉默。諾佛繼續開車。

我們繼續開了六或七分鐘，並來到城鎮另一頭的彎道。感到相當困惑的我問：「所以…你們其實也不住在圖克雷？」諾佛毫不猶豫且充滿自信地回答：「不，圖克雷很不錯，夥伴，但對我們有點太大了。我們其實住在道路過去一點的一棟小屋裡，馬修，那是個叫做哥羅坎（Gorokan）的漂亮小地方。你會愛死那裏的。」

路面轉為柏油路。

　　幾分鐘後，我們就來到哥羅坎，人口有一千八百人，那是個寂靜的內陸單街小鎮。附近看不到海灘。大街左右有幾棟矮小的木造一樓房屋。我稍微深吸一口氣，而在我反應過來前，我們又繞過了城鎮另一頭的彎道，柏油路則轉為泥濘路面，哥羅坎也出現在後照鏡中。

　　我有些惱怒地追問道：「所以…你們也不住在哥羅坎吧？」

　　「不。」諾佛興奮地嘟囔道。「但我們很靠近了，夥伴，沿著路再走一點，就能抵達一個美麗的鄉間小去處，你會愛死那裏的。」

　　我們在塵土飛揚的小徑上開了五英哩。我盯著窗外的鄉間風景，試圖調整自己的期待，此時一塊綠色路牌擋住了我的視線。上頭寫「內瓦爾（Nervale），人口三百零五人」。我們的眼前毫無人煙，在離開那塊路牌後又開了一英哩路，並首度往左轉，再往右轉，接著開上導向眼前唯一一棟房屋的礫石車道，接著停車，諾佛關掉引擎，並神氣地說：「歡迎來到澳洲，馬修。你會愛死這裏的。」

第四天

當我在晚餐後洗盤子時，諾佛與瑪喬麗走進廚房。「馬修，這周末我們想找親戚過來，我們覺得你可以幫我們煮些東西，或許能弄些道地的美國菜。」

「我很樂意。」我說。但我要煮什麼？我想。「啊，沒什麼比漢堡更有美式風情了，好，這週末我們就吃漢堡。」

「選得好，馬修。」諾佛在轉身離開時說。

「其實，算了！」我拉高音量說。「我收回那句話。我們該吃起司堡，因為儘管發明漢堡的人很聰明，但發明起司堡的人可是個天才。」

我開始寫下自己廚藝大作的材料清單：軟白麵包、蒔蘿醃黃瓜切片、切達與美式起司、紅洋蔥、墨西哥辣椒、真正的美乃滋、好番茄醬——這時我感到有人拍了一下我的肩膀。是諾佛。

「馬修，你可以跟我過來嗎？我想和你談一下。」我們離開廚房，踏上走廊，接著他打開右邊的第二道門。「請走這邊。」他說，一面將我推進房內。那裏是他的辦公室。他隨後關上門，並指向書桌前的座位。我坐了下來。接著他走到書桌後方，站到擺放椅了的平台上，並在位子上坐下。

奇怪的是，原本五呎四高的諾佛，坐著的高度現在則比我高出了一英呎半。他調整位子，並往前傾。他把手肘靠在桌上，雙手十指相扣，並注視著我的眼睛，然後嚴屬地說：「馬修，我想談談你的用字遣詞。」

「好，先生。」我說，「你想談什麼？」

他把下巴靠在腕關節上，把目光轉向牆上的溫斯頓‧邱吉爾（Winston Churchill）畫像，深深吸了一口氣，然後說：「你說發明漢堡的人很聰明，但發明起司堡的人可是個天才，對吧？」

「對，先生，我確實那樣說。」

他貴族般地又深吸一口氣。「馬修⋯那只是你的意見。當你和我們**痛**住時,你得學會欣賞美酒和好起司,以及別用你的意見以偏概全。」

「諾佛,那只是比喻。」我說。「意思是說比起漢堡,我更喜歡起司堡。」

「啊!啊!啊!」他責備道,一面對我搖晃手指。「我說過,當你**逮**在澳洲、和住在我們督利家時,你得學會欣賞美酒和好起司,以及別用你的意見以偏概全。」

他相當認真。

除了督利家認為住在幾小時車程以外的地方,依然算是雪梨邊陲外,這頓荒謬的訓誡是我在澳洲碰上的第一件怪事。

我摸不著頭緒,但依然認為這是「文化差異」。

第八天

我開學了。

我在美國已經畢業了,但這間學校決定讓我註冊低年級,因為我在期中抵達。他們認為,明年我就能和同一批孩子們一起升上高年級。

上了兩周課後,對我而言已經有一年半歷史的課程感覺起來相當輕鬆。數學簡單到無聊,但我很喜歡英文課中的創意寫作。另一方面而言,老師們則不這麼認為。他們在我寫的所有東西上用紅筆做出標記,並一致給我 F -,因為我使用縮讀字、婉轉說法、自創字、有時也用粗話。

「聽著,我知道怎麼寫東西,我通過這些考試了。我故意用自己的風格寫作,我在展現創造力,也藉此表達自己。」我說。他們的回應呢?「F -!」

從社會層面看來,這間學校也很怪。每個人都穿制服,並在午餐時玩鬼抓人。沒人有駕照,沒人想開派對,女孩子也對我沒興趣。我覺得自己彷彿回到國中了。我開始想念我的卡車、朋友、女朋友、自由、

德州。但我告訴自己說一切都沒事,這只是冒險的一部分:文化差異。

我很快就開始每天翹課,並跑去圖書館;我在那發現了偉大的英格蘭詩人拜倫勳爵(Lord Byron)。我有三只卡帶:INXS(譯注:澳洲搖滾樂團)的《踢》(Kick)、馬西‧普里斯特(譯注:Maxi Priest,英國雷鬼歌手)的《馬西╱馬西‧普里斯特》(Maxi/Maxi Priest)、還有U2樂團(譯注:知名愛爾蘭搖滾樂團)的《神采飛揚》(Rattle and Hum)。當我讀羅曼史時,就會用隨身聽聽這些專輯。

兩週後,校長到圖書館來找我。「馬修,」他說,「學校似乎對你沒有幫助,夥伴。我想,也許你可以轉到我們的工作體驗計畫,你就能在校園外實習。你不會得到工資,但你會得到學校成績。」

他媽的太棒了。「我加入。」我說。

我的第一份工作,是在澳盛銀行(Australia and New Zealand Bank)當銀行出納員。待在成年人周圍是種新鮮體驗。我和銀行經理康納‧哈林頓(Connor Harrington)成了朋友;我們共進午餐,也在下班後一起喝幾杯啤酒。

回到督利家後,怪事依然發生。

和往常一樣,我們在督利家於五點到五點半之間提早吃了晚餐。坐在廚房餐桌邊的永遠是我、諾佛、瑪喬麗、麥可,與麥可的女友梅瑞迪絲(Meredith)。梅瑞迪絲二十二歲,患有輕微發展性障礙,使她無法駕駛車輛。當她感到緊張時,偶爾也有用五隻手指擠臉頰上的白頭粉刺

的習慣。我喜歡梅瑞迪絲，我們相處得很好，她也有很棒的幽默感。

某天下午接近傍晚時，餐桌旁的我打開了客廳中的電視，播放夏季奧運。美國隊正準備跑女子 4×100 接力賽決賽。我似乎是唯一有興趣的人。砰！起步槍轟然作響，而不到四十二秒後，美國女子隊就贏得了金牌。我充滿驕傲與愛國心地緊握拳頭，並低語說：「好耶！」；這只是自言自語。

諾佛明顯將此視為上歷史課的理想時間點。他從椅子上跳起來，快步跑入客廳，並在賽後慶祝畫面中途關掉電視，接著走回廚房。他站在我面前，並說；「馬修，請你跟我來，我想和你談一下。」糟了。他護送我離開廚房，踏上走廊並走到右邊第二道門。對，回到他的辦公室；這次他從書架上抓了一本百科全書，坐上他的高椅子，看了一眼牆上的溫斯頓，並翻到百科全書中一處破損頁面，並開始對我說教。「真正的運動員呀，馬修，真正偉大的運動員，是這位名叫大衛‧布魯姆（David Broome）的英國小夥子，他在一九六○年的夏季奧運中贏了馬術障礙超越賽銅牌！」

「好，滿酷的，諾佛。」我說。

「還有一件事，馬修，你前幾天看的那部蠢片《烏龍大頭兵》（譯注：Stripes，比爾‧莫瑞〔Bill Murray〕於一九八一年主演的美國喜劇片）無腦又幼稚！它完全**想**徵美國幽默感劣於英式幽默。」

哇。「好…我可以回去看奧運了嗎？」

我開始感到在督利家不太舒服。我又告訴自己：這只是文化差異。

第九十天

我現在得到了擔任律師助理的經驗，也很享受在法院的日子：幫忙寫終結辯論稿，觀察陪審團，研究法律史，並為我輔助的律師抄筆

記。這也算是為我未來成為律師而做出的重要準備。不過,回到督利家後,文化差異開始讓我感到不快了。

由於我的身分感產生動搖,我需要某些抵抗性才找得到立足點、某種能超越的障礙、能憑依的原則、目的感,這樣我才能在身處的怪異地帶維持理智。我決定成為素食者。問題是,我不曉得該如何當素食者,所以我開始每晚吃一顆沾番茄醬的結球萵苣頭。

我也開始在下班後跑六英哩的路。我變得很瘦。

我也決定在一年剩下的時間中禁慾,還有九個月。

我開始相信自己的天命是成為僧侶。

我計畫在交換年後去南非,並解放尼爾森·曼德拉(Nelson Mandela)。

我寫信給我爸媽、朋友、與前女友們。我的第一封信是用一隻黑色大簽字筆寫的,當時是我待在督利家的第一週:

"Hey. throwin some shrimp on the barbie. Love you, Matthew."

「嘿,多烤一隻蝦吧(譯注:源自澳洲觀光局於一九八四年播放的廣告詞,
該語句在流行文化中經常用來影射澳洲)。愛你們的馬修。」

但到了現在,我的信變成有九頁、十頁、十一頁、十二頁、十六頁長,上頭滿佈渺小又細心的筆跡,以及延續八行、並塞滿太多形容詞與助詞的長句子。除了我媽外,我的童年好友羅伯·賓德勒(Robb Bindler)是唯一一個會回我信的人。身為寫手,他接受了我信紙上瘋狂的瑣碎言論,並回以長度相同、但語氣較為正常的信。不過,我大多寫信給自己看。

自由的疆界

我們需要限度、邊界、引力、界線、形狀、抗力，才會有秩序。

這種秩序創造出責任。

責任創造判斷。

判斷創造選擇。

自由則處於選擇中。

要創造能給予我們最佳風勢的天氣

我們得先移除衝擊自我核心的事物。

這項消去過程自然會創造秩序；比方說，它因此催生出更多前進的目標，與更少該遠離的事物。

接著我們會接納肯定性，因為這樣能帶給我們喜悅，與較少的痛苦。

於是我們培育這些特質，直到它們成為習慣，並構成我們的品格，

它們增生並成為我們散發出的精神。

真實身分就此誕生。

如果我們認為自由代表除去身邊的限制，就欺騙了自己。

這是活著（與自我滿足）的藝術，與我們的過去含有性質連結，

觀望未來，我們得處理當下，

並選擇。

但我沒事，對吧？只是有點想家。文化差異。我沒問題的⋯

第一百二十二天

下午五點十五分。我正平靜地吃我的萵苣頭加番茄醬，並和諾佛、瑪喬麗、麥可、梅瑞迪絲坐在餐桌旁，此時薄荷凍與羊肉一起被傳過來，我則立刻把它遞出去。看到這狀況，諾佛立刻站起身對我說：「馬修，你是個年輕又不成**手**的美國人，當你**逮**在澳洲，住在我們家時，你就得明白：羊肉得配薄荷凍吃。」

「我吃過薄荷凍了。」我說。「我不喜歡它。再說，我也不吃肉。」

幾週後，在另一場大家庭烤肉會上（這次沒有漢堡），瑪喬麗叫了待在廚房裡的我，我正在洗碗。「馬修！過來這裡。」她喊道。「馬修！過來這裡。」當我走進客廳時，我發現全家人（十八個姑姑、叔叔、堂兄弟）都排隊站在牆邊。站在隊伍後盡頭的則是梅瑞迪絲，她害羞地往下看，用幾根手指搔著自己的眉毛。每個人都在等我過來。

「怎麼了？」我問。麥可站在房間另一頭，緊張地把玩五十只鑰匙。接著，整天都在喝酒的瑪喬麗，則開心地對我和房裡所有人說：「馬修，梅瑞迪絲要走了，你何不親她一下呢⋯親嘴！」

每個人都發出驚嘆與惡作劇般的竊笑聲。梅瑞迪絲依然低垂著頭，五指靠在臉頰上。麥可在身體兩側緊握拳頭，並開始踱步。

「我已經向梅瑞迪絲道別過了，瑪喬麗。我也抱過她了。」我說。

不願放棄的瑪喬麗開心說道：「不，不，馬修，快點，親她一下⋯親她的嘴。」

「什麼？」我說，接著望向隊伍後頭的梅瑞迪絲，她稍稍抬起下巴，

和我的眼神交會，接著又再度低頭。

我試著理解究竟發生了什麼事。過去幾個月中，梅瑞迪絲是否以為我溫暖的幽默感與好意是追求她的舉動，因此對我產生了愛意？還是瑪喬麗喝了太多酒，決定用毫無品味的惡作劇來羞辱我、梅瑞迪絲、特別是麥可？我不清楚，但無論如何，這種方式都大錯特錯。

「我的大哥」麥可現在帶著更高的恥辱感踱步，並更迅速地甩動五十只鑰匙。

其他人開始激我：「對呀，快上，馬修！上呀！」

我要如何解決這情況呢？我想，接著，我深吸一口氣，並走到梅瑞迪絲身旁，對她冷靜地說：「梅瑞迪絲，我有抱妳道別了嗎？」

難為情到不敢抬頭的梅瑞迪絲沒有回答。

接著我把充滿父愛的雙手放在她肩膀上，直到她終於抬頭看我。

房間裡開始安靜下來。

「我已經抱妳道別過了，對嗎，梅瑞迪絲？」

她開始緩緩地點頭。

「謝謝妳。」我說。

「謝謝你。」她小聲地說。

接著我轉向瑪喬麗，並嚴厲地說出心聲。「瑪喬麗，不要再對我那樣做。這樣不公平。對我不公平，對梅瑞迪絲不公平，對妳兒子麥可也不公平。」

接著我走出客廳，回到廚房洗碗。

該死的文化差異。

第一百四十八天

我瘦到剩下一百四十磅，也不斷流鼻水。

上個月裡，每天晚上用完晚餐後，我都會回到自己的浴室，洗個熱水澡，用隨身聽聽三張卡帶其中之一，寫一封十五頁長的信給自己，接著對拜倫勛爵打手槍。

每晚都這樣。

我正在做第六份工作。我當過銀行出納員、船隻技師、相片處理員、律師助理、建築工人、職業高爾夫球助理。

我又坐在餐桌邊，低頭吃著我的萵苣加番茄醬，一直等到五點四十五分，才能回浴室去做我的晚間儀式；這時諾佛忽然說：「馬修，瑪喬麗和我決定，當你和我們一起**逮**在澳洲時，你得叫我們爸爸媽媽。」

這點讓我感到措手不及。幾秒內我啞口無言，考量該如何回應。

「謝謝你，諾佛。」我說。「謝謝你…這樣看我，但…我有爸媽…他們也還活著。」

諾佛迅速回答：「我說過了，瑪喬麗和我決定，當你和我們一起**逮**在澳洲，住在這個家裡時，你得叫我們爸爸媽媽。」

我一語不發，並繼續吃完最後一片沾滿番茄醬的萵苣。當我吃完時，就禮貌地收拾了所有人的盤子，將它們拿到廚房，把碗盤洗乾淨，接著在餐桌邊停下腳步，在回到我每晚私密的固定程序前向每個人說話：「晚安，諾佛；晚安，瑪喬麗；晚安，麥克；晚安，梅瑞迪絲。」

一百四十八天來第一次，我的大腦、內心、靈魂都立刻對某件事達成共識：不。我不可能叫自己爸媽以外的人「爸爸媽媽」。這點辦不到。這不是文化差異，就算是的話，我也很抱歉，我就是不一樣。

獨處異國、並隻身一人待在這個令人不適的世界裡時，我對自己的身分與信念負起了責任。我做出判斷，也做出選擇。我不需要慰藉，清楚的思緒也給了我身分感。我不會失去自己的定位，無論是在原則上或生存慾上都一樣。

隔天早上，從房屋另一頭傳來的女子尖叫聲成了我的鬧鐘。當時是清晨六點。

「他！不！叫！我！媽媽！！他！不！叫！我！媽媽！！」

我跳下床，跑去找瑪喬麗，發現她正嚎啕大哭，桌面上滴滿了淚水，一面對天嚎叫。

我抱住她。「好了，瑪喬麗，這不是私人恩怨。如果你兒子麥可喊別人爸媽的話，妳會作何感想呢？」

我們一起哭了一頓，但理由不同。

這時我決定，或許**逮**在澳洲時，該找另一個家庭同住了。

那天下午起了陣龍捲風。街上沒有車輛。外頭下著滂沱暴雨，每小時風速四十五英哩，天空呈深粉紅色與黃色。我依然和平常一樣慢跑，一路跑到當地扶輪社社長哈里斯‧史都華（Harris Stewart）家。

他應了門。「老兄，你在搞什麼？怎麼回事？」

「我只是出來跑步，哈里斯。我有事想跟你談。」

「快進來，我們碰上龍捲風警報了，而你還出來慢跑？」

我踏進門，並用毛巾擦乾自己。

「怎麼了，老兄？」他問。

我深吸一口氣。「聽著，如果可能的話，我在想扶輪社中有沒有別的家庭願意收留我呢？」

「在督利家的狀況還好嗎？」

「對，對，一切都很好。」我說，不想亂傳八卦。「我只是想體驗…別的家庭。」

「對收容你的家庭來說，就代表得多扶養一個人，馬修，」他說，「這裡的經濟有好一陣子都不太好，但…讓我想想辦法。」

上帝保佑哈里斯‧史都華。

他聯絡了康納‧哈林頓，也就是在我之前擔任出納員的銀行擔任經理的朋友。康納和他妻子願意收留我。上帝保佑康納‧哈林頓。那個週四，在扶輪社的週會上，哈里斯‧史都華透過麥克風向整個房裡的人宣布：「我們的交換學生馬修，在過去六個月中和督利家快樂地住在一起；謝謝你，諾佛。」盛大的掌聲響起。「他現在要搬去跟哈林頓家住了；謝謝你，康納。」更多掌聲響起。

會議就此結束，大家都開心地鼓掌。

一切都安排好了，沒有多餘的戲碼。諾佛‧督利也參與了會議，當哈里斯做出宣布時，他就坐在我身旁。他正充滿讚許地和眾人握手，向其他扶輪社社員稱讚我，完全明白也遵循著新計畫。「下周二傍晚六點半，我會去接你。」康納在諾佛面前對我說。「公平啦*，康納，到時候見。」諾佛回答。太棒了，一切都定案了。

諾佛和我一起開車回家；他什麼也沒對我說。

那天晚上，我在上床前對諾佛和瑪喬麗說「晚安」，他們也回以「晚安」，僅此而已。隔天早上，我起床，吃了早餐，去工作，回家，吃晚餐，並在上床前說「晚安」。其他什麼也沒有。

星期六到了；沒有其他家人過來開道別派對，也沒人說「你待在這的最後幾天，我們有計畫要…」。什麼都沒有。

星期天；什麼也沒有。

星期一；什麼也沒有。

* Fair dinkum，在澳洲俗諺中代表好，當然了，毫無疑問。

星期二早上；什麼也沒有。

我提早下班回家，兩只行李箱從上周四晚上就已經打包好了；我再三檢查是否帶齊了一切。

五天過去了，當我們坐在餐桌邊一起吃最後一次下午五點的晚餐時，沒人對我的離開提及隻字片語：我、諾佛、瑪喬麗、麥可、與梅瑞迪絲。我咀嚼著沾了番茄醬的萵苣頭。他們沉默地進食。

五點半時，我從餐桌邊起身去洗碗。沒人說話。

當我洗完時，就走回房間，檢查自己的行李第四遍。康納在三十分鐘內就會抵達。他來的時間恰到好處。我在臥房中踱步，每三十秒就檢查一次手錶。

接著我聽到門上傳來敲擊聲。

我打開門。

諾佛・督利站在門口，雙手放在臀部上，雙腿微張，姿勢看起來十分僵硬。

「嘿，諾佛。怎麼了？」

他毫不退縮地說：「馬修，瑪喬麗和我決定，當你**逮**在澳洲時，得和我們一起住在這家裏。打開你的行李。」

我因這宛如《陰陽魔界》（譯注：Twilight Zone，一九五九年開播的美國科幻單元劇影集）的轉折中感到震驚，並提起精神，再度堅持自己的立場。

「呃…謝謝你願意讓我在澳洲時住在你家，諾佛。」我說，試圖保持冷靜。「但我在你們的老家華納維爾（Warnervale）待了一整年，我也想盡可能多體驗事物，而且…和不同家庭同住，會讓我得到另一種經驗。」

他揚起下巴，並把腳踩在地板上。「馬修，打開你的行李。瑪喬麗和我決定，當你**逮**在澳洲時，得和我們一起住。」

　　我失去控制。我猛地站起身，用惡狠狠的左鉤拳打穿了臥室房門，力氣大到讓我的拳頭穿到了另一側。我拉回手臂，上頭沾滿血跡，也刺滿了膠合板的碎片。我全身發抖，滿腔怒火，並再度感到困惑。諾佛也開始發抖，雙眼因震驚而圓睜。

　　「諾佛，」我吼道，「把你他媽的肥屁股移開，不然我就要把你壓在地上打，再把你拖過礫石車道，揍到讓你到他媽的死前那天，都會從屁股裡挖出石頭！」

　　他發出顫抖，嘴巴也顫動起來並大張，然後開始後退。

　　我站在原處盯著他看，雙拳緊握，手臂鮮血淋漓，也氣到差點尿濕褲子。

　　這時他才轉身逃離走廊。

　　我在浴室水槽中挖出手臂上的木屑，並把手洗乾淨。我將一條毛巾用冷水浸濕，然後擦拭雙臂與臉孔。我在房間中踱步，試圖讓心跳變慢，並弄清楚剛剛究竟發生了什麼事，此時我聽見汽車喇叭聲。我望向手錶。六點半了。

　　我把行囊搬過走道，經過諾佛的辦公室，走過客廳，穿過廚房，並從車庫走到車道上。開著豐田陸地巡航艦汽車（Land Cruiser）的康納・哈林頓就在那裏。諾佛也是，還有瑪喬麗、麥可、梅瑞迪絲，所有人都抱在一起，彷彿像是向跨海從軍的最後一個兒子道別。瑪喬麗在代步車上哭泣。麥可在熊抱我時像個嬰孩般啼哭。當我親梅瑞迪絲的前額時，她邊啜泣邊搔著臉頰。連諾佛也拭去了一滴淚。他們把我的行李箱搬上陸地巡航艦的後車廂，康納和我就開走了。後照鏡中的督利一家人排成一列站在車道上，位置和我剛抵達時站的位置相同，他們流淚並揮手道別，直到我從視線中消失。

第三百二十六天

那是個周六夜，也是我在澳洲待的最後一天。隔天我就要搭機返家。只差一天，我在澳洲就待滿一年了。我在最後幾個月裡與史都華一家同住*，前兩個月則和崔佛家 (Traver) 住在一起，再之前則是哈林頓家。他們都是很棒的人，和彼此也是好友。今晚他們為了我的歡送會，而聚集在哈里斯家。我們的活動和平常的周六夜相同：哈里斯彈吉他，我們其他人則輪流大聲朗讀伍迪·艾倫 (Woody Allen) 的《副作用》(Side Effects)，一面放聲大笑，並喝波特酒到凌晨三點。

午夜時，康納·哈林頓忽然脫口而出：「嘿，老馬（Macka）（這是他幫我取的澳洲綽號），你怎麼會和督利家住那麼久？」

我有些訝異地問道：「這話是什麼意思？」

整房的人咯咯發笑。

「他們都瘋啦！」他喊道。

房內所有人哄堂大笑，宛如刺耳的歇斯底里噪音。

我瞠目結舌地望向每個人，一臉不敢置信。他們笑得蜷曲了身子，認為這點相當好笑。最後我大叫：「你們這些王八蛋！你們早就知道了！你們明知他們是瘋子！你們還讓我待在那！？我差點瘋了！」他們笑得更大聲。接著我也笑出聲來，很快大家就全笑成一團。

這是個可怕的澳洲惡作劇。

我待在督利家的時間其實度日如年。那簡直是活生生的地獄。當時

狀況亮起了紅燈。比較起來，我所有的幻覺都只是海市蜃樓。

但「握手協議」從來沒給我回家的選項，因此我只好默默承受。日後我才明白，當時自己經歷的苦難與寂寞，將成為我人生中最重要的犧牲之一。

在我前往澳洲前，我從不是個會內省的人。在那趟旅程中，我首度被迫檢視自己內心深處，以便弄清自己身邊發生的事。

我在德州老家拋下的生涯有如夏日般和煦。「最帥人選」、成績領先、和學校裡（和鎮上）最美的女孩約會、有台別人買給我的卡車，而且我。沒有。門禁。

澳洲，這塊我從未見過的土地，充滿晴朗沙灘、比基尼、和衝浪板，卻使我尊敬起寂寥的冬天。我過了一整年的獨立生活。每晚太陽下山前，我都在浴缸中對拜倫勛爵與《神采飛揚》打手槍。我每天都告訴自己：「我沒事，我很好。你辦得到，麥康納，這只是文化差異而已。」當時我吃素，瘦到一百三十磅，還得禁慾，並計畫成為僧侶，也想解放尼爾森・曼德拉。

對，我被迫踏入冬天。我被迫觀望自己的內心，因為我身邊沒有別人。我什麼都沒有。我失去了支柱。沒有爸媽，沒有朋友，沒有女友，沒有頂尖成績，沒有電話，沒有卡車，也不是「大帥哥」。

我還有門禁。

那年造就了今天的我。

那年我被迫發現了自己。

那年也種下了至今持續指引我的想法種子：生命很艱難。壞事總會發生。我們使壞事發生。對我而言，我必然得在那待上一整年，因為我答應對方了。我向自己立下自主義務，也「沒有回頭路」。所以我變得充滿相對性心態。我否認督利一家人都瘋了。那是場危機。只是

我不承認那是危機。我停滯不前，直到自己越過終點線。我堅持下去。我維護了我父親的氣節。

當我近乎發狂時，就不斷告訴自己：我待在那，是為了經歷一場教訓，其中總會有一線希望，我也得歷經千辛萬苦才能抵達彼岸，我也辦到了。少了陰影，我們就無法徹底欣賞光明。我們得失去平衡，才能找到立足點。縱身一躍比摔落好。因此我找到了今天的地位。

綠燈。

附註：多利家的兒子萊斯也參加了交換計畫，他和我父母同住在我家，我則待在他家。他過了怎樣的生活？

我父母帶他去太空總署、六旗樂園、和佛羅里達過暑假，他每個周末都會開派對。他明顯用口音使自己占了便宜：他開我的卡車帶我其

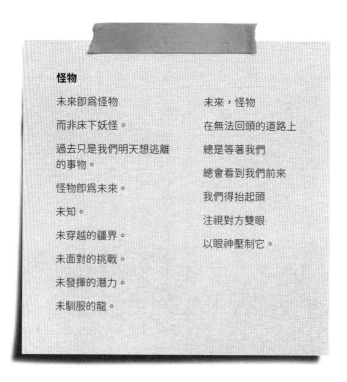

怪物

未來即為怪物
而非床下妖怪。

過去只是我們明天想逃離
的事物。

怪物即為未來。

未知。

未穿越的疆界。

未面對的挑戰。

未發揮的潛力。

未馴服的龍。

未來，怪物

在無法回頭的道路上

總是等著我們

總會看到我們前來

我們得抬起頭

注視對方雙眼

以眼神壓制它。

中一個前女友約會，我也聽說他在兩個迷人的美國女孩的私處播下自己的種。酒櫃全被喝空了。他過了他媽的好日子。

回到德州老家後，當時我十九歲，在澳洲住過一年，現在也到了可以喝酒的年齡。某天晚上從沃爾瑪百貨（Walmart）買狗食和紙巾後回家路上，爸和我在休士頓西南方一處購物商場裡被霓虹燈照亮的舞廳旁停了下來。

我們喝了幾杯啤酒，我也見了他幾個朋友，大多只說了「對」或「不，先生」，但我也有足夠的自信與經驗，敢加入他們的一些誇張話題。幾個小時後，我們在吧台結帳並準備離開。當我踏出門外，我爸則走在我身後時，站在外頭的結實圍事就擋在我爸面前，說：「你付錢了嗎？」

我爸沒有慢下腳步，一面說：「當然了，老兄。」並繼續向前走。這時門邊的男子做了某件事；我到今天還能在心中清晰地看到那光景。為了放慢我爸的腳步，他把手壓在我爸胸膛上。有個人對我爸動手。在爸親自阻止圍事前，就出手了。

我記得接下來的事：我跨在這名圍事身上，他則倒在酒吧內十五英尺的桌子上。我用兇狠的右鉤拳揍他，直到眾人對酒吧鬥毆的歡呼聲緩緩轉為低語。戰鬥結束了。事情是結束了，但對我不然。我感到自己從男子身上被拉走。我繼續向地上的保全人員踢腳和吐口水，直到我耳邊傳來一股渾厚又平靜的嗓音：「夠了，兒子，夠了。」

那晚是我的成年禮。爸接納了我。這晚我成了他的兒子，也在他眼中蛻變為男人。我們在那晚成為朋友。那晚他打給自己每個認識我的

朋友，並說：「我家的小兒子很不錯，大伙們，你們該看看他昨晚在酒吧如何揍那個大個子，把對方摔倒⋯不過我們得注意他，他容易暴走，也有點狂放。」

　　從那晚開始，我就能和他、我哥哥麥克、以及我一輩子都以「先生」尊稱的人們一起上酒吧。這種贏得我父親敬重的方式十分原始，但最後我成了他們的一份子，而不是只能在隔天聽前晚故事的小孩。

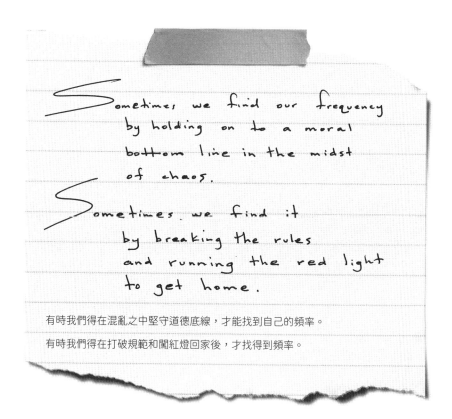

Sometimes, we find our frequency
by holding on to a moral
bottom line in the midst
of chaos.
Sometimes we find it
by breaking the rules
and running the red light
to get home.

有時我們得在混亂之中堅守道德底線，才能找到自己的頻率。

有時我們得在打破規範和闖紅燈回家後，才找到頻率。

- 5-8-89 -

66 Style is knowing who you are, what you want to say, and not giving a damn. 99

Gore Vidal (1925–)

「清楚自身本質與想說的話，而不在意他人想法，才算是真格調。」

戈爾·維達爾（譯注：Gore Videl，二十世紀美國小說家）（一九二五年—）

I said that the fuck'n truth. To have style you have to have those in this order. You've got to know who you are before you know what you want to say then not give a damn. But knowing who you are is the base that everything else comes from. I've got more style now than ever before but I'm still adding to my style. You know who you are when you become independent enough to believe your own thoughts and become responsible for your actions and you not only "believe" what you want but you <u>live what you believe</u>. LIVE WHAT YOU BELIEVE... LIVE THE QUESTIONS FIRST, THEN WHAT YOU BELIEVE (slight changes)... THEN YOU HAVE YOUR OWN PERSONAL

這句話是他媽的事實。要擁有格調，你就得照它的順序來。你得先弄清楚自己是誰，才知道自己該說什麼，接著才會不在意他人想法。但「搞懂自己」這件事，本身就是一切的根源。我比以前更有格調，但仍不斷增強自己的風格。當你獨立到能信任自己的思緒，能為自身行為負責任，也不會只「相信」自己想要的事物，而是喜歡自己相信的事物時，你就懂自己了。照你的信念而活⋯

「先經歷問題，然後接納你相信的事（小改變）⋯
你才會得到屬於自己的格調。」

老天。

寫這些話真有趣。

STYLE" ....

That was fun to write.

第3章　　part three

泥濘道路與高速公路

DIRT ROADS
AND
AUTOBAHNS

一九八九年七月

待在澳洲時,我已經開始申請大學。杜克大學、格蘭布林州立大學、德州大學奧斯汀分校、南方衛理會大學。我想念法律,並成為辯護律師。這是我自從九年級以來的計畫。我善於辯論,而我家中有個半嚴肅的玩笑:「馬修會成為我們的律師,捍衛家族產業,把幾個大人物送進牢裡,再幫我們賺點『貂油』錢。」

我打算念南方衛理會大學,主要由於它位於達拉斯市區,我也相信達拉斯能給我在法律事務所實習的更多機會,也能讓我在畢業後更容易找到工作。

有天晚上,爸打電話給我。「兒子啊,你確定你不想當長角牛(Longhorn)嗎?」(我爸總是用學校吉祥物來稱呼該學校,也很喜歡德州大學的吉祥物。)

「不,爸,我想當野馬(Mustang)(南方衛理會大學的吉祥物),我很確定這點。」

他咕噥著。

「你可以接受嗎，爸？」

「噢，當然了，兒子，當然，我只是想問你要不要考慮長角牛而已。」

「不，爸，我想當野馬。」

「好，當然行。」他說，我們也掛掉電話。

一小時後，我哥派特打來。

「怎麼了？」我問。

「你確定不當德州長角牛嗎，小弟？」

「對呀，哥。」

「你確定嗎？」

「對呀，我確定，你和爸幹嘛一直問這件事？」

「這個嘛，爸不會告訴你，但油業的狀況很糟。他沒錢了，也試著不要申請破產。」（讓我們從尤瓦爾迪搬到長景的一九七九年鑽油潮已經枯竭了，結果爸這幾年來都靠詐騙來付帳單。）

「真的嗎？」

「對呀，而上南方衛理會大學一年就得花一萬八千美金，因為它是私立學校，但德州大學一年只需要五千美金，因為它是公立的。」

「該死，我不知道。」

「對呀，而且小弟呀，你去過奧斯汀嗎？」

「沒有。」

「你會很喜歡那裏的，老兄，那座城鎮很適合你。你可以穿拖鞋到處跑跳，在酒吧找個座位，右邊坐個牛仔，左邊坐個女同志，另一邊坐個印地安人，還有個侏儒負責管理酒吧。在那裏，你只需要做自己。」

我隔天打電話給爸。「我改變主意了，我想當長角牛。」

「真的嗎？」他說，沒有掩飾自己的興奮。

「對，爸。」

「噢，該死，小傢伙，選得好！你怎麼會改變主意？」

「比起野馬，我比較喜歡長角牛。」

出於對我爸的尊重，我選了德州大學奧斯汀分校，但從未把原因告訴他。我清楚改變心意能讓我爸高興。我很快又會改變主意，但這次我不太確定他會有哪種反應。

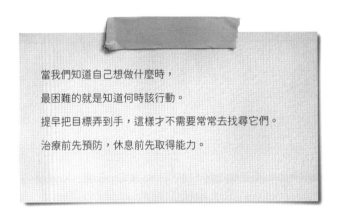

當我們知道自己想做什麼時，

最困難的就是知道何時該行動。

提早把目標弄到手，這樣才不需要常常去找尋它們。

治療前先預防，休息前先取得能力。

當時是我大二的結尾，期末考即將到來，我也睡不好。我對成為律師的計畫感到質疑。計算結果不對勁。念了四年大學後，我就二十三歲了，再讀法學院三年後，我就二十六歲，之後才能去找工作。我要到快三十歲，才能開始在世界上留下記號。我不想為了準備下半輩子，而浪費二十幾歲的時光。

我也開始在日誌中寫短篇故事。我把幾篇故事給我的好朋友羅伯·賓德勒看，他是紐約大學的電影系學生，並堅稱這些故事有原創性，

也值得分享。「想過念電影學院嗎?」他問。「你是個很棒的敘事者。」電影學院?聽起來很不錯,但也感覺很有異國感,有歐洲風情、激進、不負責、執迷——有「藝術感」。我甚至無法讓這想法進入夢中,更別提將它當作理性期望了。不了,那不適合我。

在我心理學期末考的幾小時前,我出現在我兄弟會的門前,抓了午餐,並穿過後巷,來到幾個戴爾特(Delt)弟兄的家,這樣我才能念完書。他們都睡在上下舖上,因為他們整晚都在惡補。我坐在他們的長沙發上,並打開課本。我是個勤奮的學生。我會用所有空閒時間準備考試,並對為任何考試做好萬全準備感到驕傲。我得到了很多 A。

但在這天,由於某些理由,儘管考試在幾小時後就要開始,我卻對自己說:「你應付得了,麥康納。」並將課本和筆記放回背包中,然後打開電視。ESPN 台。我喜歡運動。如果電視只有播世上最強壯的人比賽,我也會看。今天播的是棒球賽。這樣更好。但由於某些理由,五分鐘後我就關掉電視,感到興趣缺缺。

我四處環視房間。我左邊的地板上有一疊雜誌。《花花公子》(Playboys)和《好色客》(Hustlers)。我喜歡女人,也喜歡看裸女。但由於某些理由,今天不想。沒興趣。當我從書堆中翻了七本雜誌後,我發現了一本平裝本小書。它有白色封面,與紅色草書般的標題。上頭寫:

《世上最偉大的推銷員》
(The Greatest Salesman in the World)

那是誰?當我把它從書堆中拿起來時這樣想,並開始閱讀。

兩個半小時後,我讀到書中的第一份「卷軸」。書裡剛提到,書名指的是該書的讀者,在這情況下就是我,而我得到的指示,則是一天

閱讀卷軸三次，持續三十天，再換下一個卷軸。我看了自己的錶。我的考試在二十分鐘內開始。

我把床上的朋友叫醒。「我可以借這本書嗎，布雷登（Braedon）？」我問。

「當然呀，老兄，送你吧。」

我帶著書離開，並及時趕上考試。

我很興奮。這本書中的某種東西，包括標題、目前的故事、十份卷軸的秘密，都讓人感到特別，彷彿是它找到了我。

我快速趕完考試。我不在乎心理學課，也不在意成績，我只想讀第一份卷軸。不知怎麼的，我知道某種比教室考試還更重大的事物，潛藏在這本書的書頁中。

卷軸一

「我會養成好習慣，並成為它們的奴隸。」

這讓我想起，對自己撒謊是個壞習慣。我不適合成為律師。我想說故事。我在宿舍房間中來回踱步，試圖評估何時該打給我爸，並告訴他我改變主意，不想念法學院，而想去電影學院。我想，在七點半時，他剛吃完晚餐，並拿著第一杯雞尾酒坐在沙發上，和媽一起看電視。對，七點半是打電話的好時機。

我爸教我們好好工作，並遵循朝九晚五的公司行程。我被培養成家族律師。我們是藍領階級家庭。電影學院？該死。

我深吸一口氣，一面流著冷汗，並在晚間七點三十六分撥出電話。

爸接了電話。

「嘿，老爸。」我說。

「嘿，小傢伙，怎麼了？」他問。

我又深吸一口氣。「這個嘛，我想跟你說一件事。」

「什麼事？」

該死。

「嗯，我不想念法學院了，我要去電影學院。」

沉默。一。二。三。四。五秒。

接著我聽到一個嗓音。那是溫和又抱持疑問的嗓音。

「你想那樣做嗎？」他問。

「對，爸，沒錯。」

沉默。又過了五秒。

「嗯…不要當半吊子。」

在我爸可能說的所有話，以及所有可能的反應中，不要當半吊子是我意想不到的話，也是他對我說過最棒的話。透過這幾個字，他不只給了我祝福與同意，也讚許並批准了我。這就是他說的話，語氣也一模一樣。他不只給了我特權，也給了我榮譽，自由，與責任。由於他給了我一劑莫大的強心針，我們當天做出了約定。謝了，老爸。

綠燈。

生物學與騎馬吆喝

DNA 與工作。

遺傳學與意志力。

生命是種組合。

有些人有基因，卻從來沒有職業道德或彈性。

其他人努力工作，卻從來沒有天賦。

其他人擁有兩者，但從未仰賴前者。

我沒製作過能參加電影學院面試的短片或藝術作品，但我有 GPA
三點八二的成績。那不只能讓我上電影學院，還讓我進了榮譽課程
（譯注：Honors Program，美國大學所提供內容更嚴謹的課程，普
遍要求也更高。）。

　　但現在我追求的職業方向與法律不同，GPA 沒有意義。我知道好
萊塢與演員們不在乎 A 或 F，他們只需要看到值得注意的東西。我需
要做些什麼：電影，或表演。我需要一份工作。

　　我和當地的唐娜・亞當斯演員經紀公司（Donna Adams Talent
Agency）簽約，上課空檔時也在一家廣告事務所做一週四天的實習。
我在臀部上裝了一只呼叫器，也會毫不猶豫地離開教室，直接開車去
聖安東尼奧（San Antonio）或達拉斯，以便為音樂錄影帶或啤酒廣
告試鏡。我收到了一大堆「不，謝了」的答案。

　　我得到的第一份表演，是手模。唐娜・亞當斯在我簽約時告訴我，
我有「好看的手」，而如果我「不再咬指甲的話」，我可能在手模業
就會有未來。她說的對。之後我再也不咬指甲了。

　　好看的外表無法帶來溫飽，但能讓你在桌邊佔有一席之地，我也決
定要盡可能佔有任何席位。我用十六釐米寶萊克斯（Bolex）相機執
導了黑白短片，也進行編輯，協助執導其他同學的電影，我還執導了
攝影，也編寫劇本並親自表演。由於開車去聖安東尼奧和達拉斯，使
我錯過了很多堂課。

　　有一天，系主任把我叫進他的辦公室。「馬修，我們的課程要求強
制出席，特別是榮譽課程。你不能和之前一樣不斷翹課或中途離席。
如果你繼續這樣做，我就得當掉你。」

「主任，」我說，並注視他的眼睛，「你和我都清楚，好萊塢與紐約市的片廠老闆完全不理會電影製作學位。那對拍電影的人而言毫無意義。他們想看到產品。電影，或是表演之類的。我翹課的唯一原因，是想在現實世界闖闖，試著做出這些人想買的東西。我在課堂外追求的東西，正是課堂教我追求的事。」接著我有了個想法，便脫口而出。「如果我保證每次考試日都出席，你可以讓我都拿C嗎？」

他沒有回答。

無論如何，我依然遵守諾言。我不斷隨著呼叫器作響而翹課，但我也確保自己為考試日盡可能做好準備，並親自出席。

到了學期末，我在大學成績單上每堂課都拿到 C。但比起拿 A 時，我學到了更多東西。

綠燈。

除了知識外，我還想要一點點常識。

我在班上依然是個局外人。我是電影學院中唯一的兄弟會成員。我穿靴子。把襯衫釦子整齊地扣好。上衣塞進褲頭。有古銅色皮膚。和藹可親。個性不會神經質。

幾乎每個人都穿黑色。他們膚色蒼白，打扮得有哥德風，並躲在他

們的私人角落中。

我們其中一名教授每個週末都會要我們去看電影,並在星期一在班上分享內容。我總會去大都會戲院(Metroplex)看院線片,並在星期一上課時說:「嘿,這週末我看了《終極警探》(Die Hard)…」

「不了,那根本是垃圾,老兄,那是垃圾啊,爛死了。」我的同學們會在我說完話前打岔道。他們都去看愛森斯坦(譯注:Sergei Mikhailovich Eisenstein,蘇聯知名導演)作品重映會。

我開始質疑自己。「你想當藝術家的話,就得這樣做,麥康納。你得去藝術劇院看藝術片,而不是去大都會戲院看院線片。你還不夠有獨立風格,你需要變得更怪異,和更不友善。」我開始把上衣從褲頭拉出來。

但我依然去看院線片。下週一我又在全班面前談自己看的電影,而所有學生又開始低語:「那是大片商的垃圾,老兄…都是美國企業產品。」

這次我說:「等一下。告訴我,為何它是垃圾?它為何爛?你們究竟不喜歡它哪點?」

他們都安靜下來,並面面相覷。最後,有個人說:「這個嘛…我們其實沒看過。我們只是知道它很爛。」

「去你媽的。」我說。「你們都去死吧,居然因為有東西很受歡迎,就說它爛!」

那天之後,我就相當習慣身兼兄弟會成員與電影系學生了。

我把上衣塞回褲頭。

由於我對人與文化之間的差異很感興趣,我一直都很喜歡找尋位於我們特質之下的基礎:共通的價值觀根源。當我的大學朋友們和我晚

TRIBES

部落

我們要能支持自己本質的情人、朋友、募員、士兵、與關係。

人們與個體相信自己，想要存活，而至少在達爾文式的層面上，也依然想要更多自我。

剛開始，這是視覺上的選擇。

哪裡，什麼，何時，與誰…對上我們的「為什麼」。

近距離觀察後（也就是當今政治正確性文化帶來的暫時犧牲），我們學會利用人們價值觀競爭性中我們最珍惜的特質，來丈量對方。

當我們這樣做時，性別、種族、汙辱性俗話的政治便退居於我們共享的價值觀重要性之後。

我們旅行得越久，就越明白我們的人性需求有多相似。

我們想被愛、組織家庭或群體，並擁有某種能期待的目標。

這些基本需求存在於所有社會經濟性與文化性文明中。

我看過北非沙漠中的許多部落，裡頭的居民們養了九個子女，也缺乏電力，卻比我見過大多過著物質富裕生活的人擁有更多快樂、愛、榮譽、與歡笑。

我們能選擇去愛、交友、招募、召集、串聯、與支持

我們相信的人，而更重要的是，我們相信會信任我們的人。

我想那就是我們都想要的事。相信他人，並受到他人信任。

我們得先得到自己的信任，才能將之延伸到彼此身上。

爭取到它，接著和我一同爭取，然後我們一同為我們爭取。

我受過最偉大的教育，來自旅行與人性。

它們幫助我了解人類的共通根源。價值觀。

和你自己互動，然後與世界互動。

價值觀會旅行。

有時候光是過街，我們的護照中就會多蓋一個章。

上去第六街（Sixth Street）玩時，他們會去擠滿姐妹會女孩的當紅酒吧，我則會去鯰魚站（Catfish Station），那是間裝潢全黑又熱氣逼人的酒吧，裡頭販賣鯰魚、啤酒、與藍調。當凱爾·特納（Kyle Turner）吹薩克斯風、或全盲人樂團藍霧（Blue Mist）上台表演時，酒吧裡就只有站立空間了。我會在啤酒冰箱旁找到位於舞台左邊的位置。我會靠在冰箱旁，幫自己倒杯酒，並讓冷空氣使我不至於滴汗。拉隆（Laron）負責經營酒吧。譚米（Tammy）是個黑美人搖滾歌手式女侍，她負責外場，也讓酒吧中每個單身漢覺得自己有機會追她，因此他們會付多一點小費。

他們都沒有機會，包括我在內，但我們都會多給點小費。有天晚上快打烊時，在向拉隆付我喝的六瓶啤酒費用時，我告訴他說自己想在這當服務生。手模工作很零散，而我需要多一點零用錢；再說，我也喜歡藍調。拉隆大笑。無論男女，我都是唯一一個踏進這裡的白人。

「我是認真的，我需要錢，也喜歡這裡的音樂。」我說。

他又笑了一聲，然後注視了我一分鐘。

「好吧，你這個瘋雜種。」他說，一面拿出一支筆，並在一張紙上寫字。「星期二早上九點去這個地址找荷馬。他是老闆。我會讓他知道你要過去。」

我在約定時間出現。那個地點也位於第六街上，但在空間更大、場地更寬闊的俱樂部裡。鯰魚站的生意很好，而酒吧很快也會被遷到更大的場地中：也就是這裡。有名黑人站在房間中央，他的體重超過三百四十磅，穿著全白工友制服，汗水滴在他正在用拖把清理的水泥地板上。另一個黑人站在吧台，背對著入口在處理文件。

「荷馬？」我大聲地問。

吧台邊的男人沒有動靜。另一個人繼續拖地。

「荷馬・希爾（Homer Hill）！」我更大聲地說。

吧台邊的男子把頭轉向右肩，彷彿自己受到打擾。

「對，我就是。」

「我是馬修，拉隆要我來這裡見你。我想在鯰魚站當服務生。」

他往肩後說：「噢對，沒錯；拿根拖把，和卡爾（Carl）去清理男廁。」

卡爾帶著拖把轉身，並開始把水桶推向廁所。他沒有轉身，並指向靠在後側牆面上的另一組拖把與水桶。

這出乎我的意料之外。我露出微笑。荷馬無動於衷。於是我拿起拖把，走到男廁，並開始拖地，勤快得彷彿想搶走卡爾的工作。

過了十到十五分鐘。當我低頭清理廁所隔間時，就聽到：「老兄，放下拖把。」

我轉身看到荷馬。

「你真的想當服務生？」

「對，沒錯。」我說。

荷馬搖搖頭，接著發出喘氣般的咯咯笑聲。「好吧，星期四晚上六點到鯰魚站來。你可以跟著譚米學習。」

星期四晚上，我在五點四十五分來到鯰魚站。之前身為許多夜晚的顧客時，我認識了譚米，但現在我得向她學習，她對此則不太高興。譚米是當地的女王蜂；她掌控了整個前場。而現在我侵入了她的地盤，也瓜分了她的小費。但在接下來的三個晚上，譚米教導了我。該去哪打卡，如何操作收銀機，如何和廚師下單，晚上最後要如何給他們小費，哪些桌子很快會由我服務、以及有哪些我最好別看、小費卻付得最多的顧客。

下個星期四晚上，我開始實際上場工作。遊戲開始了。百分之九十的顧客們都是黑人男性，百分之十則是與那些黑人同行的黑人女性。

這些黑人男性中有百分之八十都是單身男子，而儘管他們喜歡藍調，卻都是為了譚米而來鯰魚站。他們對年輕白人男性服務生一點都不感到高興，小費量也讓我確信這點。第一晚結束時，我賺到三十二塊美金。譚米則賺了九十八塊。

　　接下來兩年內，從週四到週六，我都在鯰魚站當服務生。許多黑人顧客成了我的朋友，甚至會刻意選我負責的區域。是許多人，並非大多人。譚米和我變得很親近，但就和鯰魚站中其他直男的待遇一樣，她連讓我親一下臉頰都不肯。我從來沒停止嘗試過。我得到的小費也從來不比她多。

　　荷馬和我維持了多年的友誼。我們一起去了上一季的長角牛球賽。

綠燈。

我們並非來此容忍我們的差異，
而是來接受它們。
我們並非來此慶祝我們的相同性，
而是來致敬自己的差異。
我們沒有平等的出身，
或平等的能力，

但我們應該擁有平等的機會。
身為個體，
我們共享價值觀。
慶祝這點。

我從鯰魚站的工作中賺了點小錢，但不夠讓我推掉免費的酒。我接了我的女友東妮雅（Tonia），並帶她去凱悅酒店（Hyatt）頂樓的酒吧，我的同學山姆（Sam）在那擔任酒保，因此能弄到免費的酒。

　　「兩杯伏特加湯尼，山姆。」

　　他把酒送過來，並說：「酒吧另一頭有個來城裡拍電影的人。他最近晚上常常過來。讓我把你引薦給他。」

　　我在這時碰上獨一無二的唐・菲利浦斯（Don Phillips）。

　　我歡迎他來到奧斯汀。我們倆都是高爾夫球手，也在一些相同的球場上打過球。他也喝伏特加湯尼。非常多杯。

　　幾小時後，當唐站到椅子上，正拉開嗓門進行他知名的高談闊論時，管理人員徒勞無功地試圖要他冷靜一點。當唐明顯不想降低音量時，他們就試圖把他踢出酒吧。

　　我和他一杯接著一杯喝，也不想讓唐冷靜下來，所以我們被非常粗魯地送出了凱悅。當時已經過了凌晨兩點，他和我搭著計程車，準備讓我在我的公寓下車；我拿出一根大麻菸，我們則一起抽。

　　「你演過戲嗎，馬修？」他問。

　　我告訴他，自己曾在低卡美樂啤酒（Miller Lite）廣告中有一秒半的戲份，也為特麗莎・耶爾伍德（Trisha Yearwood）拍過音樂錄影帶。

　　「嗯，在我目前選角中的電影裡，有個小角色可能很適合你。明天早上九點半來這個地址拿劇本，我會把那三場戲標起來。」

　　計程車讓我在公寓下車，唐和我則互道晚安。

　　隔天早上九點半（確實是當天六小時後），我抵達了唐告訴我的地

點，那裏也有份寫了我名字的劇本，上頭還有一張唐寫的紙條，內容
是：「這就是劇本，角色的名字是『伍德森（Wooderson）』，我
在兩週內會讓你試鏡。」

多年來，我都稱劇本中某種能讓我一飛衝天的台詞為「發射台」台
詞。這是《年少輕狂》（Dazed and Confused）的劇本。讓我一飛
衝天的台詞是：

> 「我最喜歡高中女孩這一點，老兄。我變老時，
> 她們的年齡依然不變。」

伍德森二十二歲，但依然在高中鬼混。那句台詞揭露了他的一切，
也能由此一窺他的心態與靈魂。我想到我哥哥派特上高中，而我還
十一歲時。他是我的大哥，也是我的英雄。有一天，派特的雪佛蘭
Z28 送修，所以媽和我得去高中接他。

我們緩緩開著一九七七年製的木板廂型車穿越校園，媽負責開車，
我則從後座往窗外看。派特不在我們該和他碰面的地方。

「他在哪？」媽問。

我轉頭左右觀望，接著往後窗望去，便看到他在我們後頭約一百碼
的位置，在陰影中靠在學校抽菸區的磚牆上，曲起一邊膝蓋，靴跟靠
著牆面，抽著一根萬寶路（Marlboro）香菸，看起來比詹姆士・狄
恩（譯注：James Dean，五〇年代知名美國演員）還酷，也比狄恩
高上兩英吋。

「那…！」我開始大叫，接著及時打住，因為我知道他會因為抽菸
惹上麻煩。

「怎麼了？」媽問。

「沒事，媽，沒事。」

我大哥靠在那堵牆邊，悠閒又慵懶地抽著那根菸，這畫面從我充滿浪漫情懷的十一歲小弟弟眼中看來，就是酷的代名詞。他看起來有十英呎高。那光景在我的內心與思緒中留下了深刻印象。

十一年後，伍德森便從那印象中誕生。

我有十天能準備試鏡，也曉得該怎麼演這個人。但由於這算是工作面試，我便刮了鬍子，並穿上我最好的長袖正裝襯衫。當我到場見導演李察·林克雷特（Richard Linklater）時，他很快就說：「這角色不是你，對吧？」

酷

酷是自然法則。

如果有東西曾經很酷，

那麼它便永遠都酷。

流行只是酷這棵樹上的樹枝，

無論嘗試多久，

時尚潮流也無法撐過十五分鐘。

酷能承受時間的考驗。

因為酷永不嘗試。

酷很純粹。

「不，」我說，「但我清楚他是誰。」接著我往後傾，垂下眼皮，用兩指夾起香菸，並讓他看我的伍德森。

我拿到了這份工作。

他叫我不要刮鬍子。

拍攝過程已經正式展開。我很快就被找去片場做「化妝與戲服」測試，意思是，我得去早已在片廠中為演員們準備的拖車中做妝髮造型，然後我得穿上挑選好的戲服，接著瑞克會在拍攝休息時過來，對我的整體「造型」表達認同或其他意見。

當晚他們在頂尖漢堡店（Top Notch）的得來速站拍攝。我記得自己踏出化妝拖車，穿著全套戲服，踏上北奧斯汀的柏奈特路（Burnet Road），那裏離片廠有三十碼。李察走了過來。靠近我時，他的笑容逐漸大張。他在上下打量我時，把雙臂往兩旁伸開。

「桃子色長褲…納金特風格（譯注：Ted Nugent，美國歌手與作曲家）T 恤…上梳髮型…八字鬍…你前臂上的是黑豹刺青嗎？」

「對呀，老兄，你覺得如何？」

「我愛死了。很棒，這就是伍德森。」

記好，那晚我並不是過去演戲的。伍德森不在任何拍攝畫面中。我只是到那讓李察核准我的妝髮與戲服。

這時李察想出了個點子，於是我們開始做一件到今天還會做的事，我們稱之為「口頭乒乓球」。

「我知道伍德森可能和典型的高中『辣妹』交往，」他說，「啦啦隊員，或女子行進樂隊隊員等等；但你覺得他對紅髮聰明妹子會有興趣嗎？」

「當然呀，老兄，伍德森喜歡所有妹子。」

「對吧？你知道，瑪莉莎・瑞比錫（Marissa Ribisi）飾演辛西亞（Cynthia），她是個紅髮聰明女孩，她在得來速這，宅宅的朋友們則

坐在後座。你覺得伍德森會想開車過去試圖搭訕她嗎?」

「給我三十分鐘。」

我獨自散了個步。

我的角色是誰?我問自己。今晚這場戲裡發生了什麼事?

這是他們最後一天上學,每個人都想去派對玩。我會懂一些西班牙語。

接著,我就在片場上進了我的車(嗯,其實是伍德森的車),也打開麥克風。

「一開拍,你就像伍德森一樣開到停到她的車旁邊,然後試著搭訕她。」李察指導道。

「好,懂了。」

這幕戲沒有台詞,而這也是我頭一次進片場。我之前從沒這樣做過。焦慮的我在腦海中反覆思索,自己的角色究竟是誰。

誰是我的角色?誰是伍德森?我愛什麼?

我愛我的車。

這個嘛,我坐在我的七〇年產雪佛爾汽車(Chevelle)上。那是第一點。

我喜歡亢奮。

嗯,史萊特(Slater)坐在副駕駛座上,而且他老是帶了根捲好的大麻菸。那是第二點。

我喜歡搖滾樂。我的八軌道播放器中有納金特的《束縛》(Stranglehold)。

那是第三點。

這時我聽到:「開麥拉!」

我抬頭望向停車場另一端的紅髮聰明女孩「辛西亞」,並對自己說:

我也愛妹子。

　　當我把車開上車道，並緩緩往外開時，我想：我想出四點中的三點，現在要前往第四點了。然後大聲說：

　　　　「好，好，好。（alright, alright, alright.）」

　　那三個字，對我，伍德森，所擁有的三項事物做出的肯定，是我在電影中說過的頭三句話。我的角色在這部片中只有三幕戲，最後我也花了三週拍攝這部片。

　　二十八年後，那幾個字到處跟著我跑。人們會說那幾句話。人們剽竊它們。人們把它們寫在帽子與 T 恤上。人們把它們刺在手臂與大腿內側。我也很愛這點。這是個榮耀。因為那三個字是我第一晚工作時說的第一句話；當時我以為這只不過是一項嗜好，卻成了事業。

綠燈。

連續性

任何成功都需要連續性。

把一件事做好，再做另一件。

一次，再一次。

重複做到盡頭，

就成了連續性。

拍攝五天後，我在晚間七點接到我媽打來的電話。當時我在廚房裡。

「你爸死了。」

我的膝蓋一軟。我無法相信這件事。我爸彷彿是恐怖的大雪怪，也是股不受動搖的力量，像頭大熊，擁有維京人般的免疫系統，和公牛般的怪力。不可能。他是我爸。沒有任何人或東西能殺死他。

除了媽以外。

他總是向我和哥哥們說：「孩子們，當我離世時，肯定還在跟你們的老媽做愛。」

事情確實如此。

在當天早上六點半醒來時，感到發情的他，和跟自己離過兩次婚、並結了三次婚的女人做愛：他的老婆凱，也就是我媽。

當他達到高潮時，就心臟病發。

對，他的確決定了自己的人生走向。

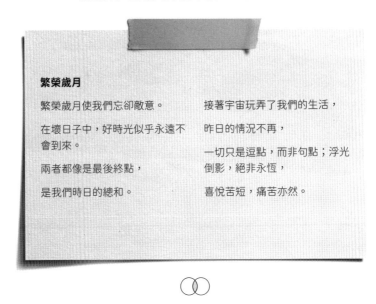

繁榮歲月

繁榮歲月使我們忘卻敵意。

在壞日子中，好時光似乎永遠不會到來。

兩者都像是最後終點，

是我們時日的總和。

接著宇宙玩弄了我們的生活，

昨日的情況不再，

一切只是逗點，而非句點；浮光倒影，絕非永恆，

喜悅苦短，痛苦亦然。

當晚我開車回到休士頓。我們在兩天後舉辦了愛爾蘭式的守靈夜，數百名朋友過來講述關於他的故事，完全符合當他提到自己的後事時，所指示我們進行的方式。

像許多人一樣，失去我父親是我最重要的成年禮。再也沒有安全網了。沒有比法律與政府還偉大的人會照顧我了。我該長大了。該是對半夜蓋樹屋的男孩道別的時候了。

我理解了一件事。我將這些話刻在一棵樹上：

「不太佩服，

更投入。」

我們越不佩服自己的人生、成就、事業、關係、與眼前的願景（我們越不感到佩服、並更投入這些事時）我們對這些事就能更快上手。

勇敢點

勇敢點承認我嚇壞了

勇敢點清楚真相

勇敢點就好

勇敢點硬起來

勇敢點當個男子漢

勇敢點做自己

勇敢點就好

勇敢點感受愛

勇敢點懂愛

勇敢點去愛

勇敢點就好

勇敢點企圖去終點

勇敢點出發

勇敢點處在車陣中，並清楚自己需要公路旅行

勇敢點就好

勇敢點喝醉和清醒

勇敢點清醒和喝醉

勇敢點結束沉思並進入夢境

勇敢點就好

勇敢點領導

勇敢點跟隨

勇敢點在一旁等

勇敢點獨自沉睡

勇敢點就好

勇敢點為生命而死

勇敢點為死亡而活

勇敢點就好

勇敢點崇拜英雄

勇敢點自主

勇敢點就好

勇敢點道歉

勇敢點明白

勇敢點就好

我們得珍惜自己來到世上的機會。

我一生中尊敬過的所有凡俗事物，我帶著敬畏仰望的一切，突然間全降低到我的視線中。我一生中輕視且譴責的凡俗事物，忽然間躍升到我的視線中。

現在，世界是平的，而我與它四目相交。

該交換我的其他紅色跑車了。

該停止做夢並開始辦正事了。

我該照顧媽了。

我該照顧自己了。

該從孩提時代的幻想醒過來了。

該產生真正的勇氣了。

我該成為男人了。

儘管劇組說我要花多少時間都行，我的家人堅持要我回到奧斯汀，把工作做完。守靈夜四天後，我就開車回去，當晚就回到片場了。

那晚我們正在足球場拍攝電影最後幾幕戲之一。我在那場戲中再度沒有台詞，但林克雷特要我出場。當晚開始拍戲前的夕陽下，李察和我在體育館周邊散步，一面聊著生命、失落、與一切的意義。

「我想一切都與生活有關啊，老兄。」我說。「即便我爸已經不在了，他的靈魂依然活在我心中，只要我讓它繼續活著就行。我還是能和他談話，盡可能照他教我的方式過活，並讓他永遠活著。」

當晚在拍攝藍道·「平克」·佛洛伊德（Randall "Pink" Floyd）

決定是否要簽下「不吸毒」的誓言,以便待在足球隊上那幕戲時,我就使這想法化為永恆。

August 2, 1992 *

一九九二年八月二日

繼續生活(譯注:Just Keep Livin,此為馬修·麥康納與妻子卡蜜拉成立的慈善基金會名稱,主旨為幫助高中生)

「你得照藍道,『平克』·佛洛伊德的想法去做,老兄。

我告訴你,你越老,

人們就試圖要你遵循越多規範,

你只能繼續生活啊,老兄,生活。」

繼續生活…這幾個字小寫,因為生命不是任何人的專有名詞,「生活」(livin) 結尾也沒有「g」,因為生命是個動詞。

j.k. livin

　　我扮演伍德森拍攝《年少輕狂》的三週因為痛失親人而相當艱困,卻也因為我所得到的事物而變得無比優雅。我爸在前一年同意我做自己想做的事,卻永遠無法看到我成功,但他活著看到我踏上一條我會走完的路,這種興趣也成為了事業。我感到相當巧合的是,我爸生命的盡頭,恰好與我在螢幕前後的新開始重疊。

　　在《年少輕狂》片場實際參與拍攝的三週,讓我在那年秋季的電影學院中擔任高年級學生時,成了更有競爭力的導演。我執導了一部關於南部西班牙裔低改裝車 (lowrider) 文化的紀錄片,片名是《奇卡諾戰車》

---

* 　這是我爸的最後一張照片。他位於佛羅里達的納瓦爾海灘,地點則是他夢想在「賺大錢」並退休後開牡蠣餐廳的地方。

（Chicano Chariots），我對該片感到相當驕傲。同一年中，我也盡可能參與演出，並參演了《未解之謎》（譯注：Unsolved Mysteries，一九八七年開播的美國真實案件紀錄片節目，網飛〔Netflix〕於二〇二〇年播映了重啟版本）其中一集與另一支音樂錄影帶。我準備好畢業，並將「我辦得到的話就做」的態度改為「我辦得到，也是正確人選」。

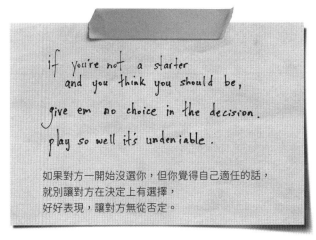

> if you're not a starter
> and you think you should be,
> give em no choice in the decision.
> play so well it's undeniable.
>
> 如果對方一開始沒選你，但你覺得自己適任的話，
> 就別讓對方在決定上有選擇，
> 好好表現，讓對方無從否定。

　我的計畫是在畢業隔天開車到好萊塢，並睡在唐‧菲利浦斯的沙發上，直到我找到作為演員的給薪工作，或參與電影製作。《年少輕狂》的製片經理阿爾瑪‧庫楚夫（Alma Kuttruff）安排我在下一部柯恩兄弟（Coen Brothers）電影《金錢帝國》（The Hudsucker Proxy）中擔任製片助理，那部片計畫在幾個月內就要開始拍攝。

　但首先，我參與了一部奧斯汀當地電影的一日拍攝：《德州電鋸殺人狂再臨》（Texas Chainsaw Massacre: The Next Generation）。那角色是「與芮妮‧齊薇格（Renée Zellweger）飾演的茱麗葉相對的羅

密歐」,是個穿戴黑皮衣和墨鏡的機車騎士,在電影開場時神秘地騎車經過她學校,接著當她在地獄般的一夜中倖存後,在結尾再度出現,並載她駛向夕陽。我不覺得我會有很多台詞。

星期六拍攝前幾天,我與導演金‧漢高爾(Kim Henkel)碰面,他問我認不認識適合演出主角維爾莫(Vilmer)的男演員,那角色是個有一條機械腿、還開了台拖車的殺手。我給了他自己從唐娜‧亞當斯演員經紀公司認識的兩個演員名字。

將塞滿東西的搬家公司拖車連結到一台被我稱為「衝浪長景(Surf Longview)」的四缸引擎道奇牌(Dodge)搬家卡車後,我就開到充當製片辦公室的小屋旁,去拍那周末我要拍的兩場戲。下個星期一,就該繼續當西行的年輕人,繼續去追我的好萊塢夢了。

拍完那兩場戲後,我離開小屋,踏上穿過未除草的聖奧古斯丁(St. Augustine)空地的柏油小徑,走到我停車的路肩上。當我解鎖並開啟駕駛座車門,再踏入車廂內時,我的腦海就浮現一股想法。我何不試試維爾莫這角色呢?

我踏出敞開的門外,隨手關上車門,再沿著走道回到辦公室門前,完全沒敲門就走了進去。

「嘿,馬修,你忘了什麼嗎?」金問道。

「對呀。我想嘗試維爾莫的角色。」

明顯感到訝異的金說:「好呀,這主意不錯,你何時想試試?」

「現在。」我毫不思考地說。

「這個嘛,我們這裡沒有女演員,只有你、我、和蜜雪兒(Michelle)。」他說。我望向坐在辦公桌後頭的秘書蜜雪兒。

「我可以呀。」她說。

「妳介意我嘗試嚇妳嗎?」我問。

「好啊，沒關係，試試吧。」她興致勃勃地說。

我到廚房抓了把過大的金屬鍋勺，以維爾莫的方式偷偷走回房內，並用機械式的跛腳動作，把蜜雪兒的辦公桌踢開，把她壓到牆角，並讓她嚇得哭了出來。

「如果你想演的話，這角色就是你的了。」金說。

「對，那表演太棒了，真的很嚇人。」蜜雪兒同意道。

我冒了險，並得到了這角色。拍攝會持續四星期。

由於我在搬家卡車中塞滿了家當，之前住的公寓租約也已到期，我就打電話給一個家裡還有空沙發的朋友。我的西行旅程得再延一個月，因為我得到了電影中的第二個角色。我要演出維爾莫，他是個開著拖車的殺手，有一條機械腿，還搞丟了能控制機械腿的遙控器。

四週過去，收到四千塊美金後，我開著一台名叫「長景衝浪」、並塞滿家當的搬家卡車，駛上 I-10 高速公路，展開前往好萊塢的

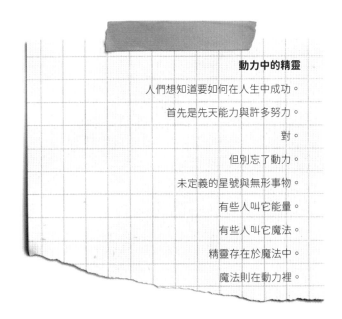

動力中的精靈

人們想知道要如何在人生中成功。

首先是先天能力與許多努力。

對。

但別忘了動力。

未定義的星號與無形事物。

有些人叫它能量。

有些人叫它魔法。

精靈存在於魔法中。

魔法則在動力裡。

二十四小時路程。

我因期待抵達而感到腎上腺素上升，當我抵達加州印第奧（Indio）時，已經連續開了二十小時的車。當時我看到一塊出口告示牌，上頭寫了日落 DR.。車道？路？大道？誰在乎呀，那一定導向獨一無二的日落大道（Sunset Boulevard）。當時是晚間八點。

當我踩油門時，就想：天啊，我把時間掌握得不錯。

回到奧斯汀後，我打算在首度跨進好萊塢時，播放現在放在乘客座上的 CD：門戶樂團（Doors）的《洛城女郎》（L.A. Woman）。我將它放入音響並調高音量，雷·曼薩雷克（Ray Manzarek）的鍵盤與傑瑞·謝夫（Jerry Scheff）的貝斯低音聲部開始為我營造氣氛。我把音量調高，我對加州好萊塢唯一的見面配樂，便在我的音響與血管中沸騰。

這個嘛，日落車道並不是日落大道。事實上，I-10 西部公路上的日落車道，離在同一條高速公路上的日落大道差了一百六十二英哩。當時我並不清楚這件事，便連續聽了二十二次《洛城女郎》，以為好萊塢的燈光就在山丘後頭。

晚間十點三十六分，我抵達了唐·菲利浦斯位於馬里布（Malibu）海灘上的房子。我按了門鈴。沒人回應。我又按了一次。

「好，好，好，是誰？」唐終於從門另一頭說道。

「是我，麥康納！」我喊道。

「噢對，麥康納，你可以晚點再來嗎？我家有個妹子在。」

由於開了二十四小時的車，和因為對日落大道過早期待而引發的過度疲勞，讓我吼道：「幹，不行啦，我不能晚點再來，我跟你說過今晚我就會來了。我剛從奧斯汀開過來！」

唐光著屁股打開門，底下翹著硬梆梆的老二。

「是啦，你說得對。」他說。「給我二十分鐘。」接著他在我面前

關上門。

歡迎來到好萊塢。

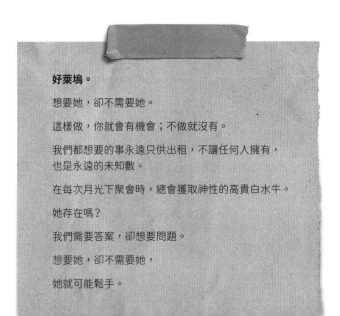

在唐家的生活相當不錯,他的沙發也很舒適。每晚他都會煎菲力牛排,接著則會端上一球哈根達斯(Häagen-Dazs)香草冰淇淋,上面淋了草莓果醬,他總是會用自己最佳的法國口音將此稱為:「重頭戲!」冷凍庫裡也總是有瓶全新的蘇托力伏特加(Stolichnaya)。不過,我還是需要一份工作。

我注意到《金錢帝國》的拍攝已經改到那年稍晚的不明日期,因此沒了那份製片助理的工作。我越來越想趕緊上工,找到經紀人,讀篇劇本,參加一些試鏡,如果有需要的話,我也可以當製片助理。這些事完全沒發生,而我在城裡認識的人只有唐。

有天吃菲力牛排時,我態度稀鬆平常地說:「嘿,唐,你可以幫我

好萊塢。

想要她,卻不需要她。

這樣做,你就會有機會;不做就沒有。

我們都想要的事永遠只供出租,不讓任何人擁有,
也是永遠的未知數。

在每次月光下聚會時,總會獲取神性的高貴白水牛。

她存在嗎?

我們需要答案,卻想要問題。

想要她,卻不需要她,

她就可能鬆手。

安排和哪個經紀人碰面嗎？我身上只剩幾塊錢了，得趕快找工作。」

唐破口大罵：「立刻給我他媽的閉嘴！這座城裡充滿求情的臭味；給我聽好了，你開始求情前，就完蛋了！你得表現出冷靜風範。你得他媽的離開這裡！離開這座城市，去歐洲或別的地方！直到你不會求情之前，都別回來！到時候我們再談經紀人的事，你聽懂了嗎？」

這是他的真心話，我完全明白，也清楚他的意思。他不需要向我多說。

科爾‧豪瑟（Cole Hauser）、羅利‧考克瑞（Rory Cochrane）、和我在拍攝《年少輕狂》時成了朋友，而既然我手頭上有空閒時間，我們就集合起來，並決定去歐洲一個月租重型機車旅行。我們帶上背包與一點小錢，買了前往阿姆斯特丹的來回票，接著往海外出發。

降落後，我們租了台汽車並往南走，並在德國的羅森海姆（Rosenheim）找到一家頂級重型機車店。穿著無袖上衣與髒牛仔褲的我們，向店主約翰（Johan）講述了我們騎機車環遊歐洲的計畫。「來找最適合你們冒險的機車吧。」他說。

科爾選了一台龐大的機車：川崎（Kawasaki）1000 型。羅利則選了杜卡迪（Ducati）怪物 M900 型。我挑了 BMW 450 型耐力越野車。它們都是尚未被使用過的全新機車。太完美了。約翰計算了總價：超過一萬兩千美金。

「我們沒有能租它們一個月的錢。」我說。

「這個嘛，你們有多少錢？」他問。

「只夠租它們三天。」羅利回答。

約翰深吸一口氣，並看了我們很久。他腋毛茂密的老婆站在後方，

對他深呼吸的樣子或表情都不滿意。

「當我還是跟你們一樣大的年輕人時，我騎了台機車和朋友環遊歐洲。我開了這家店，這樣像你們一樣的人才能用我以前的方式冒險。你們得用這些機車。你們得騎這些機車。」約翰肯定地說。

「但我們的錢不夠，我們只能付你一台四百美金的租金。」

「別相信他們。」他腋毛茂密的老婆說。「他們可能不會把機車送回來。」

「我們會的，如果你們需要的話，可以留下我們回美國用的經濟艙機票，作為擔保。」

他老婆知道這項交易即將成功,也不喜歡這種狀況。她用力搖頭說不。

「一台四百塊美金，總價就是一千兩百美金；付我這價錢，你們就可以騎這幾台機車去玩一個月。」他說。「我不需要你們拿回程機票做擔保。去吧，去探索，去冒險;等你們回來時，我要聽你們的故事。」

我們不敢相信自己的運氣。我們對彼此微笑，而約翰則友善地熊抱了我們每個人，並說：「好好玩。」於是我們準備從展示場中將全新的機車開走。

「不准走。」腋毛女打岔道。「把機票給我。」

我們把機票交給她，接著把車騎出停車場，後照鏡中的約翰看起來驕傲又沉靜，而當他遠望我們離開時，他老婆則在他耳邊大肆臭罵。

我們跨越了德國、奧地利、瑞士阿爾卑斯山、義大利。風景非常壯麗，這種遊覽方式也非常棒。在我們旅程的第十一天，我們正駛近義大利的塞斯特里萊萬泰鎮（Sestri Levante）時，羅利下交流道時以一百二十英哩的車速讓杜卡迪摔車。他不知怎麼的只有輕微擦傷與瘀青，並在醫院待了一個晚上，也磨破了皮褲。但全新的杜卡迪怪物M900型機車全毀了。

　　羅利隔天打電話告訴約翰這項壞消息。「我摔壞了杜卡迪，約翰。我把機車摔壞了。」

　　「等等，羅利，你出車禍了嗎？」約翰問。「你還好嗎？」

　　「對，我沒事，但機車全毀了。對不起，老兄。」

　　「我不在意機車，只要你沒事就好。」

　　「我沒事。」羅利回答。

　　「很好，機車在哪？」

　　「停在塞斯特里萊萬泰外頭七十四號交流道出口旁的空地。」

　　「好，我現在派人開卡車過去。他明天下午會去收壞掉的機車。在那裏和他見面。我很高興你沒事。」

　　隔天下午三點，我們三人在停摔壞的怪物型機車的空地上等，這時一台巨大的載貨卡車開了過來。司機正是約翰。他友善地向我們打招呼，看了一眼全毀的杜卡迪，接著打開卡車後車廂。

　　當羅利、科爾、我把壞掉的機車搬上卡車時，約翰卸下另一個東西。那是另一台全新的杜卡迪怪物M900型機車。「我很高興你們沒事。」他說。「繼續騎吧。」

　　於是我們繼續動身。

　　開了數千英哩、並花了三週後，我們騎著機車回到約翰位於羅森海姆的店；機車已不再嶄新無瑕，但沒有車受損。

　　約翰在停車場中向我們打招呼，並在我們抵達時熱情地擁抱我們。

　　「進來喝杯咖啡，把你們的冒險告訴我。」他帶著微笑說。

　　「整趟行程太酷了。」我說。「我們在高速公路上賽車，在奧地利的河邊喝水，穿過瑞士阿爾卑斯山，在墨索里尼的躲藏處吃晚餐，還在里米尼（Rimini）狂歡到天亮。」

　　「謝謝你，約翰，這是我們最棒的旅程。」科爾說。

　　講了幾小時的故事後，我們的租車抵達，也該前往阿姆斯特丹，隔天就得飛回美國了。約翰的太太不情不願地把機票還給我們。

　　羅森海姆的約翰。真是條好漢子。

　　那一整個月，我都沒想到找經紀人或工作的事。我帶著終生好友與更多好故事回到馬里布。

綠燈。

泥濘道路與高速公路

鮮少有人使用的道路或許並非泥濘道路；
對有些人而言，它反而是高速公路。

羅伯特‧佛洛斯特（譯注：Robert Frost，二十世紀美國詩人）
說得沒錯，走上較少人選的路確實有很大的差異。

但那條路不見得是車流量最少的路。

它或許是我們較少自行踏上的路。

內向份子或許需要踏出家門，和世界互動，並見見世面。

外向份子或許得待在家中讀本書。

有時我們得出外，

有時我們得待在屋內。

有時候，我們較少使用的道路是條孤獨的泥濘小徑。

有時候，則是第七號支線的地鐵。

第4章　　part four

走下坡的藝術

THE ART
OF RUNNING
DOWNHILL

一九九四年一月

唐對我和「他的孩子們」一起騎機車環遊歐洲感到很開心。我們三人都是由他選入《年少輕狂》的。回去睡他的沙發上後,我對見經紀人一事隻字未提。完全沒想到那件事。也不需要。

有天晚上,吃過另一球哈根達斯冰淇淋加草莓果醬後,唐說:「你準備好了。明天早上,我們要到唯一願意見我們的經紀公司——威廉·莫里斯經紀公司(William Morris Talent Agency),和布萊恩·史瓦德斯托姆(Brian Swardstrom)與貝絲·荷登(Beth Holden)見面。告訴他們你也想導片,這會讓你聽起來比較不像在求情,他們也會對你垂涎三尺。」

我的資歷是在《年少輕狂》中飾演伍德森一角,該片幾個月前已經在少部分戲院上映過。(《德州電鋸殺人狂再臨》還沒有上映。)

穿著靴子、牛仔褲、塞進褲頭的正式襯衫的我,和他們握手並坐下來進行我下一份工作面試。我表現得像是想和他們合作,而非迫切需

139

要他們。史瓦德斯托姆東問一句，荷登西問一句。隔天我就和貝絲‧荷登與威廉‧莫里斯簽約了。

　　一般而言在故事中，這時來到西岸的年輕演員主角都得卑躬屈膝，參加上百次「幾乎成功」的試鏡，也得當服務生打工，還得為了出演客串角色而吸某人的老二。

　　嗯，那不是我的故事。

　　和威廉‧莫里斯簽約一週後，我就在好萊塢參與了第一次試鏡，對方是選角導演漢克‧麥坎（Hank McCann），角色則是茱兒‧芭莉摩（Drew Barrymore）在電影《瀟灑有情天》（Boys on the Side）中的老實丈夫「亞伯‧林肯（Abe Lincoln）」。他們喜歡我的試鏡，因此在六週後安排了第二場和導演賀伯特‧羅斯（Herb Ross）的面試。在第一場試鏡後，我又接到另一場試鏡的通知，這次則是一部叫《魔幻大聯盟》（Angels in the Outfield）的迪士尼電影。角色是個「名叫班‧威廉斯（Ben Williams）的美國棒球選手」。為了這次工作面試，我穿戴了美國旗棒球帽與白 T 恤。地點在華納兄弟（Warner Bros.）區第二十二號樓的停車場樓層。我打開門，背對著午後陽光。

　　「哇！看看你！徹頭徹尾的美國小子！」正對著入口的長沙發上傳來一股洪亮的嗓音。

　　我停在門口，望向對我說話的瞇眼男子。「沒錯，先生。」我說。

　　「你打過棒球嗎？」他問。

　　「打了十二年，從六歲打到十八歲。」

　　「太棒了，這工作是你的了，我們兩週內開拍！」

　　在奧克蘭(Oakland)打十週棒球，就會拿到四萬八千五百塊美金。你在開玩笑？我也需要這筆錢，當時我名下只有一千兩百美金。

我打給我哥哥派特，告訴他這件消息。

「幹，太棒了，小弟。超級盃（Super Bowl）要開始了，我們去拉斯維加斯慶祝吧。我買單！」

綠燈。

我喜歡賭博。大多是賭在自己身上，但有時也會賭運動，特別是國家美式足球聯盟（NFL）。我從來不賭到讓輸贏改變自己的生活方式，只足夠讓自己買票進場，意思是足以讓我想仔細看比賽並在乎賽情，讓自己感到衝勁。對我而言，那種金額可以是六十塊美金。我從沒使用過投注服務（「下注」專家），這樣有什麼好玩？如果我輸了，就會試圖找出自己到底看錯了哪個部分，但最後我還是喜歡自己挑下注對象，因為如果我贏了，就是我自己看出來的。

當我贏的時候，感覺相當輕鬆，也像明確又輕鬆的選擇。我是個算命師、預言家、魔術師，因為我早就知道結果了。這就是我喜歡賭博的地方，比起「剛他媽的發生了什麼事」，我更在乎「我早就知道了」。我為了娛樂價值、以及當我早就知道時所得到的樂趣而賭。

打賭時，我特別喜歡考量無形條件。賭舊金山主場隊會打敗巴爾的摩隊，因為巴爾的摩隊會因往西岸長途飛行而有時差。賭布雷特·法弗（Brett Favre）與綠灣包裝工隊（Green Bay Packers）在星期一晚上會輸，因為他爸上星期二過世了，或賭任何有剛得到第一個新生兒的明星球員的球隊，因為現在他們得賭上更多東西了。賭費城老鷹隊（Philadelphia Eagles）會輸，因為他們在新體育館中打第一

場比賽，而飾演洛基·巴布亞（Rocky Balboa）的席維斯·史特龍（Sylvester Stallone）去參加開賽紀念，也因為足球場外有太多慶祝活動了。當我透過這些毫無科學根據、或受到賭城莊家們估算過的心理預感而贏得賭博時，我就相信自己有種內心直覺，是馬基維利（譯注：Machiavelli，義大利文藝復興時期政治家）式的絕佳賭法，因為我早就知道結果了。

我搭西南航空（Southwest Airlines）去賭城參加大賽，那是達拉斯牛仔隊（Dallas Cowboys）和水牛城比爾隊（Buffalo Bills）連續第二年在超級盃中競爭。我有了經紀人，手上有價值四萬八千五百塊美金的工作，還要跟我哥派特花整個周末玩二十一點、喝酒、看足球。我簡直衝上了人生高峰。

達拉斯牛仔隊那季勢如破竹：特洛伊·艾克曼（Troy Aikman）、艾米特·史密斯（Emmitt Smith）、查爾斯·哈利（Charles Haley）、麥可·厄文（Michael Irvin）。他們在上一屆超級盃痛宰了水牛城比爾隊，這次也打出十點五分的成績。賭盤也對達拉斯有優勢，已經推到了十二點五。

超級盃周日的前一天周六，派特和我花了十一個小時宰制了二十一點牌桌，並在天亮時帶著大筆賭金走出賭場。我幾乎贏了兩千塊美金，派特則贏了四千塊美金以上；這對當時的我們倆而言都是大錢。

我們在星期天中午左右起床，並開始策畫該賭在誰身上，以及下注的理由。

「我想，開場有 +10.5 已經太多分了，而且在阿拉丁賭場已經拉高

到 +13 了。」我說。「第二次才厲害，水牛比爾隊加油啊。」

「該死，我想他們可能會打敗牛仔隊的獨贏盤（大獲全勝）。」派特說。「我們得和水牛比爾隊團結起來痛宰他們。」

開賽前一小時，我們發現有家賭場將水牛比爾隊推到破天荒的 +14.5 新高，於是我們下了注。我們把兩人總共六千塊美金都賭了下去，並用各種方式賭在水牛比爾隊身上。

四千塊賭在 +14.5 讓分盤上。

一千塊用來賭三千兩百塊的水牛比爾隊獨贏盤。

兩百五十塊以八比一賭舒曼‧湯瑪斯（Thurman Thomas）的碼數比艾米特‧史密斯多。

兩百五十塊以十二比一賭安德烈‧里德（Andre Reed）的碼數比麥可‧厄文多。

兩百五十塊以六比一賭吉姆‧凱利（Jim Kelly）投出的碼數比特洛伊‧艾克曼多。

一百塊以十八比一賭布魯斯‧史密斯（Brucc Smith）是最有價值球員。

一百塊以四比一賭達拉斯會有一點五次以上的進攻權交換。

我們賭上了身上所有的錢，除了用來買啤酒的一百塊美金。

半場時，水牛比爾隊以達到十三比六。我們又唱又跳，並下了雙倍賭金。「老天啊，我們要把回程票升級成頭等艙。我們真是天才。」我們得到十四點五分了！我們早就知道了！

但你知道發生了什麼事，對吧？達拉斯在下半場連續取得二十四分，不只贏了球賽，還取得十四點五分的讓分盤（31-13）。

艾米特‧史密斯跑得比舒曼‧湯瑪斯遠。

麥可‧厄文的碼數超越了安德烈‧里德。

吉姆‧凱利投出的碼數不比特洛伊‧艾克曼多。

布魯斯‧史密斯不是最有價值球員，達拉斯也只交換過進攻權一次。

我們輸了所有賭金。每一毛都沒了。

我們垂頭喪氣地走出賭場，原本的氣焰轉為疲憊，並招了台計程車載我們回旅館，身上也只有二十塊美金。一台骯髒的一九八六年款黃色波尼維爾牌（Bonneville）計程車停了下來，它的左後方擋泥板還摩擦到人行道。「假日酒店（Holiday Inn）。」我們在上車時說。

司機是個毛髮雜亂的老頭，他可能有三個月沒刮鬍子、或是三天沒沖澡了。他明顯對我們垂頭喪氣的姿態產生興趣，便在將車子駛離路肩時，伸手調整了後照鏡，用比較方便的角度看我們。

派特和我震驚又沉默地盯著後座窗外看，想知道剛究竟發生了什麼事，這時一股自作聰明的嗓音在車內響起：「你們在水牛比爾隊身上下注了吧？我早就能告訴你們說那是個蠢賭注。我早就知道牛仔隊會痛宰他們，你們這些他媽的輸家！」

派特目光銳利地從後照鏡盯著司機，接著勃然大怒。

「喔，是嗎，你這狗娘養的？如果你早知道牛仔隊會贏，那你他媽的幹嘛開計程車？」

每個人都喜歡取得先機。即便當我們輸了兩次又只贏一次時，比起輸了的兩場，我們還更相信那一場勝利。我們相信自己選擇的贏家，是

我們真實自我的體現，也在當下見證到自己的潛力，並解讀出未來；當時我們宛如神明。即便那兩項失敗確實佔了多數，它們在我們的傑出計畫中也只不過是誤差、錯誤、小問題。在球賽結束後，每個人都早就知道誰會贏了。每個人都在撒謊。沒有人早知道誰會贏或提前做出保險賭注，世上沒有肯定的事物，因此這件事才被稱為打賭。拉斯維加斯與里諾（譯注：Reno，位於內華達州的城市，同樣以賭場見長。）繼續成長是有理由的。它們清楚我們賭徒喜歡相信自己十拿九穩。那就是陷阱。

拍攝《魔幻大聯盟》一個月後，《瀟灑有情天》的製片公司要我飛回好萊塢，以便進行與導演賀伯特・羅斯的第二場試鏡。我每晚打完棒球後，都會進行排練，也認為自己知道怎麼演這角色了。賀伯特喜歡我的試鏡，因此我得到了這角色。

我在好萊塢的第一場試鏡，讓我得到了第二場，接著又讓我得到第四個在大片中飾演主角的機會，該片由茱兒・芭莉摩、瑪莉－露易斯・帕克（Mary-Louise Parker）、與琥碧・戈柏（Whoopi Goldberg）主演。它也讓我得到了十五萬美金的高額支票。

一等我在奧克蘭打完棒球，我便前往亞利桑那州的土桑（Tuscon），我們將在那裏拍攝《瀟灑有情天》。與其待在大多工作人員住宿的

When you CAN,
ask yourself if you WANT to
before you do.

當你能做某事時，行動前先問自己是否真的想做。

旅館，我反而租了位於城外的巨人柱國家公園（Saguaro National Park）附近的一座寧靜磚造民宿。我從當地的收容所救了一隻有拉不拉多與鬆獅犬混血的小黑狗，並將她命名為哈德（Hud），這名稱來自保羅‧紐曼（Paul Newman）在我最喜歡的其中一部電影中所飾演的角色。那棟房子還附了個女僕。我從來沒有雇過女僕。

某天下班後的星期五夜晚，我一位名叫貝絲的朋友過來吃晚餐和喝酒。我像個聖誕節早上的孩子，告訴她我對新家感到開心的所有事物：泥磚建築，後院就是國家公園，還有個女僕。特別是女僕。

「當我去工作後，她就會打掃房子，洗我的衣服，清理碗盤，在我床邊放乾淨的水，並留下煮好的餐點——她甚至會燙平我的牛仔褲！」我告訴貝絲，一面拿起我的利惠牌（Levi's）牛仔褲，讓她看褲管上漿過的白線。貝絲對我的開心露出微笑，接著說了某句我從沒想過要問自己的話，從此也沒忘掉過這句話。

「如果你想要燙平牛仔褲的話，那就很棒呀，馬修。」

我之前從來沒燙平牛仔褲過。

我沒讓人燙平我的牛仔褲過。

我從沒自問是否想燙平牛仔褲，因為這是我人生中第一次可以燙平它們。

這種前所未見的富裕選項已成了現實，我當然想要把牛仔褲燙平。

是這樣嗎？

其實不是。我不想。

智力

不該超越明顯事物，還遮掩目標、或使它變得更令人困惑。

它得讓真相變得更明顯，並以更多觀察角度突顯出更多事實。

它應該簡化事物，而不是讓事情變得更費神。

拍完《瀟灑有情天》後，我回到馬里布，現在在海灘上有了我自己的公寓。我首度開始上演戲課，因為我覺得該學習這行的專業了。在過去，我總是靠直覺辦事，效果也很好。現在我回到學校，學習如何閱讀劇本、找尋重點、如何準備角色、如何研究。我想，還有如何成為專業演員。

在此同時，自從拍完《瀟灑有情天》後，我已經六個月沒工作了。自從我開始上演戲課後，就還沒工作過。我接了很多試鏡，還有幾次重複試鏡，但我似乎找不到演出機會。我想知道原因。我比之前更焦慮，也不像以前一樣在試鏡中冒許多風險。我很緊繃。我很有動力。我很直接。我很頑固。新的智能練習讓我阻礙了自己。

最後，我接到在一部名叫《毒蠍情仇》（Scorpion Spring）的小型獨立電影中的小角色演出機會。我只會出現在一幕戲裡。他們出了一萬塊美金，我也接受了。沒有試鏡，並且在兩週內就開始拍攝。我只知道這些。

我認為自己只想知道這些事。我拿到了劇本，一頁也還沒看，甚至連自己出演的場景都沒讀。為什麼呢？因為我有個傑出的點子。

為了加強我的創造力，並除去我從上次拍片到上課之後背負的理論壓力，我決定要回歸到剛開始演戲的心態，當時我扮演了一個叫做大衛‧伍德森的角色，而光念了劇本上的一句台詞，就讓我完全了解了那個角色。

對我而言，在《年少輕狂》中其他即席演出的戲碼相當簡單，因為我摸清了自己的角色，也能輕易在導演讓我出場的場景中表現出伍德森的言行舉止。當時我完全仰賴直覺和本能。

我對自己說：那就是我缺少的一點。別再搞死板的學術把戲，該回到根源了。

在《毒蠍情仇》中，我的角色是個「南德州的美國毒販，正和把他的毒品偷渡進美國的墨西哥走私客碰面」，接著他「違反約定，不付錢買偷渡來的毒品，並殺死了走私客，一毛錢也不花就帶走古柯鹼。」

我只需要知道這些事。只要成為那角色，用他的方式處理情況，隨機應變，做出我的角色會做的事。很簡單。

兩週後，我待在片場上的拖車中。

我懂自己的角色。我為他創造出了中上階級的毒販背景，他在德州的美國邊界為販毒集團工作。我需要古柯鹼和錢，身上也帶了上膛的手槍，願意下殺手來活著帶走那兩個東西。我看起來也符合那角色：不修邊幅，頭髮油膩，穿著黑靴子與皮衣。誰需要劇本？我清楚我是誰。開始錄製吧。我辦得到。

該上場了。該拍那幕戲了。完全沒問題。

我入戲地抵達片場。我沒和任何人說話。我不需要向演出同一幕戲的其他演員介紹自己，因為我的角色不在乎他們，也會在這幕戲中把他們殺了。我只想免費拿到古柯鹼。

在我們就位前，一名製片助理走向我。「要看飛頁＊嗎，麥康納先生？」我接了過來，並看也不看就將它們塞入口袋。所有演員都就定位，並準備「開拍」。要開始啦。

我猜我這時緊張了一下，因為就在這時候，正當我們準備開拍前，我打算先瞄一眼這場戲和台詞的內容，覺得這是個好主意。我當時是怎麼想的？如果台詞很棒，我就會立刻記住，因為我的角色自然會那

＊ 飛頁(sides)是當日拍攝場景的迷你版劇本。

we must learn the consequence
of negligence —
it's not just what we do, it's what
we don't do that's important as well.
we are guilty by omission.

我們得學會疏忽帶來的後果——

重要的不只是我們做過的事，還有我們沒做的事。

樣說，而如果內容寫不好，那我就自行詮釋這角色的一言一行。

我打開飛頁，往裡頭一看。

一頁。

兩頁。

三頁。

四頁…

一段獨白…

用西班牙語講的獨白。

該死。我感到脖子後方升起一滴冷汗。我的心跳開始加速。我要怎麼辦？我變得口乾舌燥。我試圖保持冷靜。接著我抬起頭，沒有特意看片場上的任何對象，並說：「可以給我十二分鐘嗎？」

我情急之下的思考認為十二分鐘（一）足以讓我記下所有西班牙語台詞，因為，嘿，我在十一年級時修了一學期的西班牙語課，（二）不會耽擱劇組太久。

我帶著飛頁散步了一下。正確來說，我花了十二分鐘散步。接著我回到片場，把飛頁放回口袋，並就定位。導演說：「開麥拉」，我們就開始拍攝。

我從來沒看過《毒蠍情仇》。

不過，那天我確實學到了一個教訓。

我們得準備好擁有自由。

我們得先做好功課，再做正事。

我們得準備好工作，才能自由地做功課。

認識我的角色不代表我會西班牙語。

幾個月後，放棄演戲課但學到教訓後，我又回到華納兄弟的片場，到導演喬・舒馬赫（Joel Schumacher）的辦公室裡和他討論他的下一部電影《殺戮時刻》（A Time to Kill），該片改編自約翰・葛里遜（John Grisham）所寫的書。

我自作聰明而不準備所造成的不負責任事件帶來了價值。我很難堪，那種情緒讓我感到光火，而那股怒火則讓我變得更大膽。

喬和我要見面討論「弗萊迪・李・柯布（Freddie Lee Cobb）」的戲份，他是一座密西西比州小鎮裡的三K黨（譯注：Ku Klux Klan，美國奉行白人至上與基督教恐怖主義的組織）首領。這次我讀過了劇本，甚至連小說都看完了。「弗萊迪・李・柯布」強悍又動人，但並非我想要的角色。不，我想要的角色是主角「傑克・布里根斯（Jake Brigance）」，他是個幫助一名黑人的年輕律師，對方殺害強暴了自己女兒的男子。那天我前往喬的辦公室時，心裡已經有了個計劃。

我穿著一件無袖的約翰・麥倫坎普（譯注：John Mellencamp，

美國歌手與演員）風格 T 恤，並輕鬆地抽著一根萬寶路香煙，坐在他的辦公桌對面。

「我想你很適合弗萊迪·李·柯布，馬修。」他說。

「對呀，我也這樣想，舒馬赫先生。我了解他的出身，也清楚他為何成為這種人，但…誰要演主角傑克·布里根斯？」

喬停了下來，並微微歪頭。「我不知道。」他說。「你覺得該由誰來演？」

我往後向椅子靠，深深地吸了口煙，接著一面吐氣，一面注視他的雙眼。「我覺得該由我來演。」

喬大笑出聲。「啊！我覺得這點子很棒，馬修，但那不可能發生啊！片商不可能讓不知名的演員出演主角。」

我熄掉香菸，並與他四目相交。

我達成了計畫的第一步。

接下來發生的事並不在我的計畫中，但很多不受我控制的事反而對我有利。

但願

代表你想要某種東西，但沒有得到。

由於某些原因，可能是由於你自身不足或世界的干擾，
使你沒有實現願望。

有時候這只是空檔，我們也得優雅地退場。

但我們經常不願承認的是，我們得不到自己心繫事物的原因
是由於我們提早放棄，或沒有冒著必要風險而下手。

我們把但願往腦後拋得越遠，就容易得到自己想要的事物。

別在死前老是說太遲了或太快了。

早已接下《殺戮時刻》中「艾倫‧羅雅克（Ellen Roark）」一角的珊卓‧布拉克（Sandra Bullock），最近演過一部叫《二見鍾情》（While You Were Sleeping）的電影，該片上映的第一個週末得到了略低於一千萬美金的優秀票房。但自從我在喬身上舖梗後，《二見鍾情》的國內票房則升到超過八千萬美金。它是個大成功，也讓珊卓‧布拉克成為好萊塢最新的「綠燈」影星，這代表片商相信她紅到能主演電影。既然有了能扛起電影的女演員在《殺戮時刻》擔綱第三號配角，華納兄弟便突然能考慮讓比較不知名的演員擔任主角。

但這代表喬‧舒馬赫開始認真考量我的提議了嗎？顯然沒有。他們現在考慮讓我打從另一個娘胎出生的兄弟伍迪‧哈里遜（Woody Harrelson）出演傑克‧布里根斯。

接著情節再度逆轉。結果約翰‧葛里遜也有對傑克‧布里根斯的選角同意權，因為該角色改編自他自己。而且在一九九五年三月七日，一個名叫比爾‧薩瓦吉（Bill Savage）的男子在密西西比州遭到謀殺。兇手是一對年輕男女，據說他們受到米基（Mickey）與瑪洛瑞（Mallory）啟發，這兩人是伍迪‧哈里遜和茱麗葉‧路易斯（Juliette Lewis）在奧利佛‧史東（Oliver Stone）的《閃靈殺手》（Natural Born Killers）飾演的角色。比爾‧薩瓦吉是約翰‧葛里遜的朋友，因此在那部片中扮演米基的人，根本不可能在這部片中飾演傑克‧布里根斯。

拍攝過程預計在六到八週間要在密西西比州的坎頓（Canton）開始。所有角色都已經選好了。除了傑克‧布里根斯。

幾週後，我在洛杉磯一家墨西哥餐廳的屋頂，和我的經紀人貝絲‧荷登一起在下午四點喝瑪格麗特調酒，這時我的電話響了起來。

「我要你來試鏡。」喬‧舒馬赫在電話上說。自從我設下計畫後，

爲當下而生

我們都是爲了自己碰上的每一刻而生。

無論那一刻造就我們，或是我們造就那一刻。

無論我們在其中陷入無助，或在其中勝出，

無論我們是掠食者或獵物。

我們都爲了那刻而生。

已經過了兩個月。「我們下週日要在費爾法克斯（Fairfax）一處小型私人片場進行，這樣就不會有人知道，因為即便你表現很好，片商還是很可能不會接受你，我不想讓你被大家視為失敗。我要你試演的戲，是傑克最後的案件總結。」

星期天到了。當天是母親節。我在清晨打給我媽。

「別表現出你想要那角色，馬修，要表現得像你早就得到它了！」

這正是我需要聽的。

「謝了，媽。母親節快樂。」

有台黑色汽車早上十點來接我，並載我到位於費爾法克斯的片場。那裏有位化妝師、服裝設計師、攝影指導，和大約三十個工作人員。當時大約下午一點。我走進片場，那是個有十二位演員的法庭，每個人都坐在為片場搭設的陪審團包廂中。我很緊張，但我準備好了。每個人都安靜下來並就位。

「準備好就開始，馬修。」喬說。

我屏息以待，開始照劇本的內容做出最後的案件總結，直到我說出

現在已成為經典的台詞：「好，想像她是白人。」

我表現得不錯，但並非絕佳。我記得自己的台詞，也抓對了劇情節奏，冷靜處理一切，並順利地說完故事。成果優於平庸，但也不特別。

「太棒了，馬修，」喬說，「現在忘了劇本，說你自己會說的台詞。」

這就是喬‧舒馬赫的天才所在。做你自己。你就是角色。我很愛那句話。我自己會說和做的事。如果有個年輕處女被三個邪惡男子強暴，我會有什麼感覺？那天他們在她身上殺死了什麼？如果那是我妹妹呢？如果是我女兒呢？當天是母親節。

我把劇本拋諸腦後與片場外。我開始緩緩踱步，雙眼也開始變熱，隨著心裡的怒氣不斷高漲，我在腦中構思了可怕的景象，便說出了我看到的畫面。我還不是個父親，但由於父親是我唯一想成為的角色，我便想像自己的女兒遭到強暴。我遺忘了試鏡。我遺忘了時間。我做出法庭中的律師永遠不會做出的言行舉止。我咒罵髒話。我吐了痰。我用能讓我和自己咒罵的對象一同被關入大牢的惡毒話語，敘述了一名孩童如何在令人不捨的情況下失去純真。我感到滿心作嘔。我變得相當暴力。我氣得滿頭大汗。

我成功了。

兩週後，當我在德州伊格爾帕斯（Eagle Pass）拍《致命警徽》（Lone Star）時，在沙漠中的午夜滿月月光下，我接到了一通電話。

A Roof is a man-made thing

屋頂是人造物

一九九三年一月三日。國家美式足球聯盟決賽。休士頓油商隊（Houston Oilers）對水牛比爾隊。油商隊在中場拿下二十八比三，第三局初期則達到三十五比三。法蘭克·萊許（Frank Reich）與水牛比爾隊在延長賽中以四十一比三十八勝出，造就了國家美式足球聯盟史上最偉大的逆轉勝之一。對，水牛比爾隊贏了，但他們並沒有確實打敗油商隊。油商隊輸了那場球賽，他們打敗了自己。

為什麼？因為他們在中場時在對自己的信念上添加了一層天花板、屋頂、與局限，也就是所謂的「預防性防守（prevent defense）」。或許他們在中場時開始設想下一個對手，打的速度也太快，並在整個下半場中失去了心態上的敏銳度，結果他們就輸了。在僅僅兩節中，防守指導員吉姆·艾迪（Jim Eddy）就從年度防守指導員與「明年總教練的第一人選」，變成在國家美式足球聯盟中找不到工作的人⋯甚至在明年的大學美式足球賽中也一樣。

你卡住過嗎？你清楚我的意思，在終點線前失足，當你試圖邀那個女孩約會時嘴巴大吃螺絲，腦筋在已做足準備的期末考時變得一片空白，在高爾夫球大賽中因推球三英呎時偏離球洞而錯失勝利，或是受到「天啊，我的人生已經到顛峰了，我真的配得上這種運氣嗎？」的感覺而陷入癱瘓。

我有過。

當我們產生這種感覺時，會發生什麼事？我們全身緊縮，難以呼吸，又充滿自覺。我們產生了靈魂出竅般的體驗，讓我們以第三人稱角度觀察自己，彷彿自己並不在場，因為沒有做好自己當下該做的事。我們成為當下那一刻的旁觀者，因為我們讓它變得比我們更大，而因為如此，我們變得更不投入，並對它感到更敬畏。

為什麼會這樣？

因為我們在心理層面給某個人、某個地點、或某個時間點的關注，比給自己的更多，因此我們創造出虛構的天花板，那種侷限阻礙了我們當下的自身表現。我們變得緊繃，並專注在後果而非行為本身，因此錯過了執行行為本身。我們一則認為後果相當重要，或是後果太美好了，不可能是事實。但它兩者皆非，我們也沒有權利判斷這種事。

別創造出幻想中的限制。主角、藍緞帶（譯注：象徵頂級物品）、高分、傑出想法、對生活的熱愛、狂喜般的幸福感，當我們握有這些好運時，為何該認為自己配不上這些事物？我們為何該覺得自己沒有爭取到它們？

如果我們停留在過程、內心、行動時感受到的快樂中，就永遠不會在終點線前卡住。為什麼？因為我們沒有想終點線，沒有看時鐘，沒有觀看在巨型螢幕上表演的自己。我們在真實時間中行動，而其中的過程就是終點，裡頭也沒有終點線，因為我們從未結束。

當博・傑克遜（Bo Jackson）得分時，他衝過得分線，穿越底線區，並跑進導入球場的隧道。世上最厲害的狙擊手與神槍手都不會瞄準目標，他們對準的是目標的另一面。當我們確實接受自己某天會死的現實時，就會更投入當下。

往遠處伸手，畫下不朽的終點線，並把你的紅燈調綠，因為屋頂只是人造物。

是喬・舒馬赫與約翰・葛里遜。

「你想演傑克・布里根斯嗎？」

「當然想！」

我跑進夜色中，直到我離其他人有一英哩遠。接著，我滿眼淚水地跪下，面對滿月，對它伸出右手，並說：

「謝謝你。」

綠燈。

《殺戮時刻》上映當天，我散步去自己在加州聖塔莫尼卡（Santa Monica）的第三街步行街（Third Street Promenade）上最喜歡的熟食店，買了一份鮪魚三明治，裡頭有烤酸麵團與加量醃黃瓜，還附有番茄醬。

在步行街的那天對我而言，和平常沒有什麼差別。附近有四百多人喧嘩作響。三百九十六個人對我無動於衷。有四個人例外：幾個女孩覺得我很帥，還有個男人喜歡我的鞋子。

當晚，《殺戮時刻》在美國上映，首週就開出了一千五百萬美金的票房；在一九九六年，這算是票房大賣了。

下個星期一，我回到步行街上買了另一份鮪魚三明治，裡頭有烤酸麵團與加量醃黃瓜，還附有番茄醬。

那天對我而言，完全不像其他日子。附近有四百多人喧嘩作響。有三百九十六個人盯著我看。有四個人例外：那是三個嬰兒和一個盲人。

我檢查了自己的褲襠拉鍊，並輕輕摳了一下鼻孔，確定上頭沒沾了鼻屎。

上頭什麼都沒有。

搞什麼？

我出名了。

有時你擁有種種事物。

有時你處於種種事物中。

——法蒂瑪・埃爾維斯（Fatima Alves）

我的「出現」帶來了前所未見的狂熱。我被稱為下一個大明星，部分娛樂界雜誌封面上在我的大頭照後方，寫了斗大的黑體字：「馬修·麥康納拯救了電影」。拯救了電影？嘿，我不曉得電影需要拯救啊，就算需要，我也不確定自己是電影救星，也不曉得自己想不想成為那個人。我只想演戲，並在對我有意義的故事中扮演自己有興趣的角色。

　　從那天起，世界就成了面鏡子。陌生人會把手靠在我身上並對我說話，彷彿和我很熟。事實上，他們也不再是陌生人了。

　　我從未看過或見過的人們會過來說：「我的狗也得了癌症，我對哈德小姐（Ms. Hud）感到很遺憾…」

　　你怎麼知道我養了條狗？你怎麼知道她的名字？你怎麼曉得她可能得了癌症？你幹嘛不自我介紹？

　　每個人現在對我都有種預設想法。

　　誠實的第一印象已經成了過往雲煙。那條路已經走到了盡頭。

　　我的世界改變了。套句詹姆斯·麥莫爾特里（譯注：James McMurtry，美國搖滾樂與民謠歌手）的話：「一切都已上下顛倒，左右相反。」

　　每個人現在都很愛我，也不怯於經常大聲說出這件事。

　　我這輩子只對四個人說過這句話。

　　我已不再默默無名

　　這對劇本有相同的效果。

　　電影上映那週五前，我有一百份劇本想拍。九十九個客戶拒絕了我。只有一個說好。接下來的星期一呢？

　　九十九個客戶說好。一個拒絕。

Why we all need a walkabout

我們爲何需要徒步旅行

噪音／訊號比例。

我們比以前更常受到不自然的刺激轟炸。

我們需要待在感官輸入較少的地方，以便收到心理思考過程中的背景訊號。

當噪音減少時，訊號也變得更爲清晰，

我們就能再度聽到自我，並再度合而爲一。

只有時間能簡化心境。

記憶會追上，

意見會成形。

我們再度碰上眞相，它也會敎導我們，

敎我們在伸手與撤退之間如何站穩腳步，讓我們明白自己並不是唯一一身處這種情境的人，只是孤獨而已。

由於我們的潛意識現在有空間能彰顯自己，我們就能再度看見它。

它會透過圖像做夢、感受、思考，而我們現在則能觀察到這種現象。

在孤獨中，我們能開始透過圖像思考，並將我們所見到的影像具體化。

我們的靈魂再度化爲無名之物，

我們也明白自己和永遠無法驅除的人綁在一起：我們本身。

蘇格拉底式的對話（譯注：此處指以兩人以上的角色進行的內心交談）醜陋、痛苦、寂寞、充滿罪惡感，也是股可怕的噩夢，需要用保護罩蓋住，以免將我們的獠牙磨小，並使我們在驚慌中冷汗直流。

我們被迫面對自己。

這樣很好。

我們不只理應受苦，也爭取到了這種苦難。

誠實的人枕於平靜的心上，

而無論每晚有誰躺在我們床上，我們都與自己共眠。

我們要不原諒自己，要不就對自己感到作噁與生厭。

進化源自於此。

由於無路可逃，也被迫面對自己，我們醜陋的每日壓抑感則大肆作亂，

我們發現自我與壓抑感共處一室，並決定「夠了」或「讓它崩壞吧」。

無論判斷結果爲何，我們都會成長。

世上只有我們與我們，自我永遠是我們唯一的同伴。

我們照料自己，並再度與自我交好。

接著我們回到文明，並能更有效地照料自己的需求。

爲什麼呢？因爲我們進行了徒步旅行。

哇。

太棒了。

該死。

什麼是真?什麼是假?天空向我大張,也很難感覺到腳下的地面。我內心的標準分裂了,心靈基礎也隨之動搖,我需要一點引力。該屈膝了。

　　沙漠中的基督修道院(The Monastery of Christ in the Desert)坐落在毫無人煙的沙漠中,地點在新墨西哥州阿碧庫(Abiquiu)的查馬河(Chama River)河岸上。導向該處的泥濘道路離高速公路有十三點五英哩,通常都會被沖刷得完全消失,因此你無法開車前去。托馬斯·默頓(譯注:Thomas Merton,美國天主教作家與神祕主義者)很喜歡那裏。他說這棟修道院是人們能來「重新調整觀點」的地方。我在一本書中讀到這個地點,並想:「這就是我現在需要的東西:靈性調整。」我的思緒一片混亂。迷失在自己新出現的名氣中,並在自覺不配的情緒中掙扎;現在我毫無防護的自我,不只逼得我找尋自己的立足點,也對我造成壓力。來自德州尤瓦爾迪的勞工階級孩子,怎麼配得上這種榮華富貴?我不曉得該如何脫離自身成功帶來的墮落感,更別提自己配得上這件事了。我不知道該相信誰,包括我自己。在書中,修道院弟兄們說:「如果你能抵達我們的住處,只要敲響門鈴,我們就會接納你。」

　　一位好朋友和我從好萊塢開車到那條泥濘路,並在那裏讓我下車,我則走了十三點五英哩的路,前往修道院。我在日落一小時後抵達,並敲響了門鈴。一個穿著及肩斗篷與長袍、名叫安德烈弟兄(Brother

Andre）的矮小男子來迎接我。「歡迎，弟兄，所有旅行者都能待在這裡。」

我盥洗之後，就去參加團體晚餐，眾人大聲朗讀《詩篇》，也嚴禁談話。之後，安德烈弟兄帶我去有張小床的房間，地上則擺了張睡墊，我則在房裡過夜。

隔天，我對安德烈弟兄說：「我需要談談生活與心裡的一些事，你知道我可以跟誰談嗎？」

「知道，」他說，「克利斯汀弟兄（Brother Christian）很適合和你談這些事。」

我見到了克利斯汀弟兄，我們便前往沙漠散了很久的步。我講出了自己的罪惡感、心智經歷過的低迷淫穢境界、與偏差的思想。「自從出名後，」我坦承，「我試著當好人，不要說謊和欺騙自己，讓心靈更純潔；但我充滿慾念，還物化了他人和自己。我感覺不到和過去的連結，也看不見通往未來的途徑，我迷失了。我感覺不到自己。」

我花了三小時半，和克利斯汀弟兄吐露心魔。我鞭撻了自己。他一句話都沒說。連一個字都沒講。他只是耐心地傾聽，我們則肩並肩地一同穿越沙漠。

Brother
Christian

克利斯汀弟兄

兩者皆是

我天性樂觀，眼界很高，懷抱希望，而我想要成爲的男人則和我身爲的男人躺在同一張床上，也存在於同樣的頭腦、心靈、靈魂、軀殼中。因爲那狗娘養的吉明尼蟋蟀（譯注：Jiminy Cricket，迪士尼電影《木偶奇遇記》〔Pinocchio〕中的蟋蟀配角，此處比喻麥康納的自我），我並不老是喜歡與自己共處，但我很少能將他從肩膀上彈開。我也有合理的理由。

卽便當我失去協調性與平衡，並難以在自我與行爲間感受到任何牽引力與連結；換個角度而言，當我迷失在自己沒注意到的音樂中時，最佳的自我總是待在心裡，他也會比我預期中更快展開蘇格拉底式對話，延續的長度也比我預料得更久，因爲他難以滿足。

當然了，我遲早會聽到他的聲音，接著傾聽則成了挑戰。當我開始傾聽，並停止讓命運衝撞責任、眞相對抗虛構、罪惡對抗我希望中的自我、自私對抗無私、凡俗對抗永恆，我就開始學習，並逐漸成爲眞正的自我，做我該做的事，爲我而活——並非爲他人而做，但同時也是爲了所有人。同時爲了我與上帝。接著我明白自己得爲命運負責；虛中帶實，我身兼罪人與聖人，也是抱持自我主義的功利主義者。我永遠都是凡人。

現在，每一步在我心中都帶有宏觀的願景，我也成爲自己想當的人，吉明尼蟋蟀則成了我肩上的藍知更鳥，蘇格拉底也只剩下一個嗓音。

　　我們在四點回到禮拜堂，並坐在出口外的長椅上。啜泣的我終於來到告解的尾聲。我們沉默地坐著，同時我則等待著克利斯汀的批判。什麼都沒有。最後，我在不平靜的靜默中抬起頭來。這段期間中完全沒對我開口的克利斯汀弟兄，注視著我的雙眼，並幾近悄聲地對我說：「我也是。」

有時候我們不需要建議。有時我們只需聽到自己並非獨身一人。

綠燈。

　　我沒有胡亂對待自己新萌生的名氣，反正我本來就無計可施。我感到麻木，有時還很愚蠢，並挑起了幾場根本無須挑起的爭鬥。如果我有些失去平衡，主要是因為我在乎，而一切有無異議對我而言依然重要。大多時候，我輕盈地在雨滴間舞動。我喜歡終於能在自己的卡車中裝超級無鉛汽油，和朋友出去時能買單，能拿到後台通行證，並與這麼多有華的人共事。我試著繼續當紳士，並優雅地接受魚子醬、美酒、與「我愛你」，但很多事感覺起來，都像是那名女僕在我要求她不要燙平我的牛仔褲後，依然繼續做一樣。我固定每週日都會打電話給我媽。

　　不過，和我講電話的人已經不是我媽了。

　　聽我說話的人不是我媽。

　　和她兒子講話的人不是我媽。

　　這是個比我還迷戀我名氣的女人。

　　最明顯的證據，就是某天晚上我在家裡接到一個朋友打來的電話時。

　　「老兄，你在看嗎？」

　　「看什麼？」

　　「轉到第七台的《硬刊》（Hard Copy）！」我朋友說。

　　我打開電視。轉到第七台…

　　我媽正在對鏡頭講話，引導鏡頭穿越我們的房子。

　　「這就是他把處男之身獻給梅莉莎（Melissa）時用的那張床，我

想她是叫這個名字吧，總之不重要，她沒有交往多久⋯這裡是他的浴室，只有淋浴間，沒有浴缸，你也曉得我在裏頭發現他在幹嘛！哈哈，但相信我，那沒什麼大不了，我看過很多次了。」

噢。該死。

我打給媽。

「媽，妳做了什麼？」

「什麼？」

「《硬刊》。」

「什麼《硬刊》？」

「媽，我現在就在看節目；妳也在看，我從妳那頭聽得見聲音！」

「噢，那個呀⋯」

「對，那個！」

「我以為你不會發現。」

「媽。節目在全國電視上播出。我怎麼可能會不知道！」

令人難過的是，我與我媽的關係在接下來的八年內相當緊繃。

「言多必失。」我一直這樣告訴她。她嘗試過了。沒辦法，她就是無法克制自己。她要瓜分我的名氣，而儘管我還在尋找自己在名氣中的平衡，我卻還沒有自信到能和別人分享這點，特別是對我自己的母親。她越想瓜分我的地位，我就越把她封鎖在外。如果爸還活著，他肯定會愛死了我的成功，但和媽不同的是，他會待在觀眾席前排，而

走下坡的藝術

走下坡時不要跌倒。

至於你想爬的那座山？

它就在轉角。

別戲劇化。

它自然會到來。

不是試圖搶走我的風采。

　　媽的狀況則是，當我一出現，她就說「快點回來」，所以我開始提早離開。無論我給多少，她都會得寸進尺，因此當她沒有在半途中出現時，我就走得更慢，讓她等上加倍的時間。我不再和她分享自己任何生活體驗；我無法信任她。我不需要另一個搭我順風車的朋友，我需要我媽，而她卻不幸地處於另一種長假中。多年後，在我站穩腳步，事業也更完善後，我終於覺得管他的，並放鬆了對她的限制。她已經七十幾歲了，我也覺得乾脆讓她放手去玩，而到今天她依然如此。她喜歡走紅毯、接受訪談、告訴世人她「知道我遺傳到誰」。就是她。

　　她說得沒錯。

　　《殺戮時刻》已經上映了四個月，我也接到很多案件。在我拍攝《殺戮時刻》前，就已和華納兄弟簽了三部片的片約，現在他們急於讓我演下一個角色。我接到幾十個出演邀約，甚至成立了製片公司來製作自己的作品。我很想工作，但不曉得自己想做什麼。我其中一項優點，

一直是能在各種事物上找出特殊角度，但在擁有能幾乎辦到一切的能力後，那種優勢反而成了缺點。每個計劃對我而言都有可能性。

我對得為下部片做出決定而感到壓力，並對近來的名氣所帶來的盲目景仰而感到窒息，還有個不受控制的狂野母親，讓我想去某個沒人聽說過自己的地方。我得重新確認，值得收到任何恭維的對象是我馬修，而不是我的名氣。我需要去某個地方，自己在該處得到的好感，只會來自我抵達後遇見並認識的陌生人，而不是來自抵達之前。我需要聽自己思考（為了入世，得先遁世），這樣我才能適應自己的新地位並評估它，對它感到較為無感，挖掘一些眼光，並想出我接下來想演出哪種角色和哪種電影。我需要點飢餓感。接著…

我做了春夢。

對，就是睡覺時發生的不自主夜間遺精，完全不靠性交、打手槍、或口交。它鮮少發生，但令人寬慰；這些鮮明的夢境普遍含有性愛主題。這股春夢卻不普遍。

我看到自己仰漂在亞馬遜河上，身上纏繞著森蚺與蟒蛇，周圍則有鱷魚、食人魚、淡水鯊。在我視線可見的左側河岸邊，有並肩站立的一排非洲土著。

我感到平靜。

十一格畫面。

十一秒。

接著我達到高潮。

我醒了過來。

哇。

這一切宛如惡夢，但卻是場春夢。

> Just because the seats are empty
> doesn't mean they're not taken.
>
> Sometimes the guest list needs
> to be for one.
>
> You. 座位空一無人，並不代表沒人佔了座位。
>
> 有時賓客名單只該有一人。
>
> 你。

綠燈。

這是什麼意思？我思忖道。

我在夢裡很確定兩件事。一，我在亞馬遜河上；二，河岸上有非洲土著。我爬下床，抓起我的世界地圖集，接著翻到非洲大陸。

接著我開始找亞馬遜河。

你可能也知道，你會在非洲大陸花上很長的時間找亞馬遜河，因為你根本找不到。我找了這條河兩小時，才發現…

陸塊錯了。亞馬遜河在南美洲。

該死，夢真難搞。無論如何，這都是項徵兆，也正是我在找的東西。

該追尋我的春夢了。

我在背包裡塞了少許衣物、日記、相機、醫療包、一點快樂丸、我最喜歡的頭帶，接著展開前往秘魯的二十二天獨身旅程，打算找到亞馬遜河，並在上頭漂流。對，在南美洲那條河。

　　我飛到利馬（Lima），接著前往庫斯科（Cuzco），我在那裏見到了一名嚮導，我們則邊吃祕魯串燒 * 與皮斯可酒（pisco），邊規劃出前往亞馬遜河的三週行程。我登上安地斯山脈，並沿著烏魯班巴河（Urubamba River）進入失落的馬丘比丘城（Machu Picchu），一面在爬山時用隨身聽聽約翰‧麥倫坎普的專輯《嗯哼》（Uh-Huh †）。然後，我搭了巴士、船、飛機，前往無法開車到達的世上最大都市伊基托斯（Iquitos），人稱「亞馬遜的祕魯首都」。

　　當時是我旅程中的第二十二天，我也正在紮營。此時我已經爬了超過八十英哩的山路，明天就終於會抵達我春夢中的亞馬遜河了。到旅程目前為止，我都很難把注意力放在當下，因為我相當期待找到亞馬遜河對我而言的意義，因此錯過了沿路的大多數美景。我依然對自我身分感到掙扎，也受到源自過往的罪惡感纏身，感到寂寞，並對圍繞

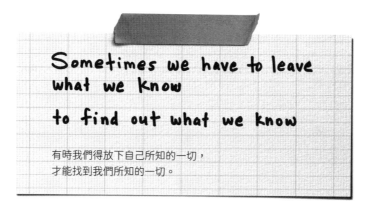

Sometimes we have to leave
what we know
to find out what we know

有時我們得放下自己所知的一切，
才能找到我們所知的一切。

* Anticucho，烤牛心：發展中國家的完美第一餐。它會讓你在旅程中提早覺得想吐，之後就不會那麼想吐了。

† 《嗯哼》是我哥哥派特於一九八三年介紹給我的專輯。我在這專輯中最喜歡的曲子〈粉紅屋〉(Pink Houses)，對我而言一直是關於美國的最典型歌曲：它是一首關於世代、信念、失而復得的夢想的歌；它在使我成為愛國者的過程中，扮演了相當重要的角色。

自己的人感到作嘔。

在帳篷中與心魔鬥爭的我無法入睡，因此我停止嘗試。我反而脫光衣物，以及身上所有的徽記、標誌、期待、與從屬關係。我丟掉了代表自己愛國心的美國棒球帽、象徵我愛爾蘭家族傳統的凱爾特結垂飾、代表我德州驕傲的孤星（譯注：Lone Star，意指德州州旗上的單一星形標誌）旗護符，以及其他來自過去冒險的啟發性吉祥物。我甚至丟掉了我爸給我的一只金戒指，那是用他和我媽的高中畢業戒、和她一顆金牙熔掉後做的。我除去了帶給我舒適、安全感、驕傲、信心的所有象徵物。所有的裝飾與代表物，與我全身上下的包裝，都已消失。我甚至還揍了自己的臉幾下。我是誰？不只是在這趟旅程中，而是整輩子裡。全身赤裸、未著半縷的我，只是個上帝的孩子，僅此而已。我全身冷汗直流，嘔吐到直到腹中完全沒有膽汁，接著疲勞地昏厥。

幾小時後，我在第十三天早上醒來，面對升起的太陽。我感到出奇地清醒又有精神，並穿好衣服，泡了點茶，再去走了一小段路。我並沒有往目的地或任何特定地點走，只是漫無目的地踱步。我覺得很棒：充滿活力，感到清爽、自由、又暢快。

沿著一條泥濘小徑走時，我在一處轉角轉彎，而小徑中間則出現了我所見過最華麗的海市蜃樓，上頭閃爍著亮麗的粉紅色、藍色、與紅色。它有如電流般閃爍發亮，飄在森林地面上，彷彿連結到某種氛圍發電廠般振動著。

我停下腳步。仔細觀看。接著後退一步。沒辦法繞過它，而它也並非海市蜃樓。我面前的叢林地面其實是由上千隻蝴蝶組成的萬花筒般

絢麗光景。它太驚人了。

　　我停了一陣子，訝異地看著這景象。著迷的我在腦中聽見一股小聲音說：

<blockquote>
我只想要所見之物，
所見之物就在眼前。
</blockquote>

　　我再也不急著去任何地方，或猜測轉角外、下一步、遠方的事物，時間則慢了下來。我仰望天空，說了句無聲的「謝謝你」，接著往下看大群飄浮的蝴蝶群旁的道路，而就在那裏，我首度見到了亞馬遜河。

　　由我所有擔憂集結而成的高塔，現在橫向倒在我面前，就像那條緩慢流動的河一樣；這也是幾個月來，我第一次感到放鬆。

　　幾小時後，我回到營區，為接下來的旅程打包行囊。我的響導一來，就對我用西班牙語喊道：「Sonia luz, Mateo, soils luz!」意思是：「你是光，馬修，你是光！」

受到原諒後，我捨棄了罪惡感，困惑感也已消失，我的懺悔感覺有了效果。恢復信念的我，在心中與自己握手。從那天早上起，我就活在當下，只面對眼前所見的事物，並公平對待它。接下來兩週內，我登山和划獨木舟，甚至在吃了那一點快樂丸後，用開山刀在亞馬遜雨林中開路。

對，我赤裸地仰漂在亞馬遜河上，但沒有蛇、鱷魚、鯊魚、或食人魚像夢中一樣纏在我身上。我猜牠們不需要這樣做了。最後一天，當我在河中洗澡時，看到像是美人魚尾巴的物體，它揮了一下，滑入水面，並游向下游。我也揮了揮手。

我發現了真相。是我找到的嗎？我不知道，我想是它發現了我。為什麼？因為我把自己放在會被發現的地點。我讓自己處於能收到它的位置。

我們要如何得知是自己碰上真相，或是真相碰上我們？

我相信真相無時無刻都在我們周圍。無名的天使、蝴蝶、答案，一切都在身邊，但我們無法隨時辨識、察覺、聆聽、或觀看它們——因為我們不在正確的位置。

我們得做出計劃。

綠燈。

上帝，當我碰上眞相時，
賜給我

能**察覺**它的感知力

能**辨識**它的知覺

能將它**個人化**的自我

能**保存**它的耐心

以及**經歷**它的**勇氣**

首先，我們得讓自己處在能接收眞相的位置。無論自己知名與否，我們居住的嘈雜世界中，都充滿了要務、期限、修這個、做那個，使人難以得到澄澈與平靜的心靈。所以我們得將自己置於能接收到澄澈感的地點。無論是祈禱、冥想、徒步遠行、與正確的人相處、公路旅行，只要是適合我們每個人的事就行。

接著，當我們將自己置入這點，並聆聽福音與樂聲後，我們得夠有感知力，才能接收到它，也得夠有知覺，才能辨識出它。它將以無名狀態出現，因為它相當清晰、無所不在、一致又無垠。它像蝴蝶般迅速又無聲地落地。當我們讓它入內時，就無需多做闡述。這段關係就此展開，我們也需要自我才能將它個人化。此時無名眞相變得緊密，並且能獨立存在。我們向自我詢問它的意義，以及它對我們而言有多獨特，和它為何現在來此。

接下來是困難的部份，得靠耐性來保存它：從我們的智慧中得到它，並使它進入我們的骨髓、靈魂、與直覺中。我們得對它保持關注，對它保持專注，使它維持光亮，也別讓它消失。這需要投入、時間、與意圖。

如果我們到目前為止都成功，在我們使自己留在能接收眞相的正確位置、辨識它、將它占為己有、並保存它後，致命一擊就會出現…

擁有經歷它的勇氣。遠離它找到我們的地點，帶著那股眞相踏入日常生活中的嘈雜競技場，使用它，並讓它成為我們自身的活躍部分。

如果我們能那樣做，那我們就已踏上走向人間淨土的途徑了。

在那裡，我們想要的事物正是我們所需的。

在那裡，我們所需的事物正是我們想要的。

我回到好萊塢，並迅速決定在勞勃·辛密克斯（Robert Zemeckis）的《接觸未來》（Contact）演出帕爾默·喬斯（Palmer Joss）的角色，與茱蒂·佛斯特（Jodie Foster）對戲。在我前往亞馬遜河的靈性之旅後，我選擇扮演某個在科學界中相近上帝的男人，這非常接近我在人生中的定位，以及自己想在鏡頭前花時間演出的角色。茱蒂·佛斯特是明確的主角，人們也質疑我為何要接下當時所謂的「小女生角色」，而不是接下其他電影的主角。但我很滿意自己的選擇，因為我對自己所謂的「慈善角色與自我探索故事」很有興趣，也喜歡與厲害的導演工作。

　　在我們殺青後，我繼續去河上划獨木舟，不過現在我準備好開上美國的高速公路了，於是我買了台一九九六年份的GMC沙瓦納（Savana）休旅車，並把它改裝成我喜歡的樣子。我在車廂內只留下兩張前座，並安裝了客製化的儀表板，還有隱藏式冰箱與排水道，和我高中卡車上一樣的廣播系統，與一只羅德牌（Rode）NT1-A型防震式麥克風，裝在連結到卡帶錄音機的可彎式支架另一頭，錄音機則裝在駕駛座的天花板上，所以我可以在開車時製作高品質錄音。許多錄音內容都經過抄寫，並收錄在本書中。我在阿爾平牌（Alpine）放大器、坦奎迪牌（Tancredi）平衡器、佛科牌（Focal）ES音響上花了一萬塊美金，用來組裝高端古典音效系統，並在後車廂裝了張豹皮沙發床，也在地板上鑽了個洞，並放進一只油料漏斗，這樣我才能在不停車的狀況下小便。我把那台休旅車命名為「柯斯莫（Cosmo）」，哈德小姐和我就此上路。

> 我從未如此在意目的地過。
>
> 落地的想法，對我的想像力與歌曲感而言太有限了。
>
> 給我方向與十六車道高速公路
>
> 路上有空間能讓我轉彎並沿路探索。
>
> 和爵士一樣，我喜歡將生命視為河流。

　　在美國境內旅行了幾個月、途中還睡在豹皮床或汽車旅館中後，哈德太太和我決定自己準備好當長期道路旅客了，於是我們升級裝備，買了一台二十八英呎長的空流國際露營拖車（Airstream International CCD），把它勾在柯斯莫後頭，並在我們後頭拖著新家。

　　完全能自給自足後，哈德小姐和我就成了旅行拖車世界所稱的「全職旅人」。我們從曼尼托巴省（Manitoba）旅行到瓜地馬拉，以及美國可抵達的四十九個州內的四十八個州。我們靠哪種羅盤指引方向？看我們想去哪。我們的行程呢？看我們何時想出發。羅傑・克萊門斯（譯注：Roger Clemens，美國職棒大聯盟投手，被認為是史上最偉大的投手之一）三天後要在紐約投球？那裏離新墨西哥州的阿布奎基（Albuquerque）有三天車程，所以我們會在一早出發去看球賽。異教樂團（Cult）明晚在底特律有場演唱會？太棒了，等克萊門斯打完球後隔天，我們就順道去那裡。

　　我也在旅途中和電影導演們開會。比方說，如果我在猶他州並往東走，

我就會安排訪客在隔天早上飛到科羅拉多州的波德（Boulder），再去當地機場接他們。接著我們會在接下來的七小時內一起開車，並討論計畫，直到我讓他們在內布拉斯加州的林肯下車，讓他們搭飛機回家。我最喜歡的位置一向是駕駛座，而美國公路也一直是我的理想辦公室。

我們到羅德島去和史蒂芬・史匹柏（Steven Spielberg）拍攝《勇者無懼》（Amistad），那部電影敘述一八三九年一艘西班牙雙桅帆船上爆發的奴隸叛亂，該案件被送到最高法院，並在廢奴運動中成為知名事件。我也和給了我在這業界第一份工作的老朋友李察・林克雷特拍了《牛頓小子》（The Newton Boys）。那部片描述一群法外之徒，他們成為史上最成功的火車與銀行搶匪。我扮演的角色是「威利斯・牛頓（Willis Newton）」，他來自我的老家德州尤瓦爾迪。他是法外之徒邏輯的發明人之一，寧可開槍打壞鎖，也不願意用鑰匙開門。

哈德小姐和我很喜歡不接電露營與住在露營拖車公園的生活，也特別喜歡我們沿路見到和觀察到的人。對我而言，這是演戲與說故事的基本課程，也是面對現實生活中的真正人物的前排座位。這是活生生的現實，而非錄影；是行為，而非態度。我每天都寫日記和用麥克風錄音。

露營拖車公園擠滿了叛逆人物、逃家份子、職業小丑、搖滾樂團吉他手、倒楣份子、野生動物愛好者、下午四點就喝雞尾酒的人、閱讀者、退休夫妻、單親媽媽、單輪車騎士、發明家、鞋匠、園丁、夢想家、迷途羔羊、嬉皮、摩托車迷、製毒者、里程數收集者、在清晨六點燙西裝的人。他們共同喜歡的一件事，就是別插手管別人。

「如果門關了，就別來敲門。」是住在露營拖車公園的首要法則之一。當然了，我常常聽到「馬修・麥康納待在園區裡」，但在揮過幾次手、大聲向對方問好後，大家就都尊重起我的隱私來，因為大多人都遵守露營拖車公園的規範。當有人犯規時，園區裡其他人就會讓對方察覺這件事。

另一方面而言，如果你確實想見人，套句亞利桑那州水晶鎮（Quartzsite）的拉茲達茲露營公園（La-Z-Daze Mobile Home Park）裡的鮑比·「瘦莉茲」·羅賓森（Bobby "Thin Lizzy" Robinson）的話：「只要打開你的卡車車棚，就會有很多人來幫你。」

哈德小姐和我在路上慢慢遊晃，並隨意前往各處，「擦亮車頂，放好輪胎，如果你得忙，就早點離開。」當我們離開阿拉巴馬州加茲登（Gadsden）的溪畔露營拖車公園時，羅比·「蟋蟀」·麥肯錫（Robby "Cricket" McKenzie）這樣告訴我們。

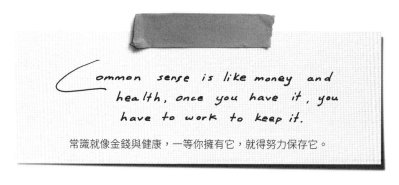

Common sense is like money and health, once you have it, you have to work to keep it.

常識就像金錢與健康，一等你擁有它，就得努力保存它。

在一次拍片過程中，哈德小姐和我住進位於加拿大溫哥華第二海峽橋（Second Narrows Bridge）南邊的斯闊米什國印地安保留區（Squamish Nation Indian reserve）中的露營拖車公園。保留區的酋長麥克·杭特（Mike Hunt）（對，他就叫這個名字）和我迅速成為好友。住在河上的斯闊米什人是熟練的漁夫。但他們特別精於捕捉銀鮭。他們不會帶魚餌和釣鉤搭獨木舟出去，現在他們會走入深邃的河床中，將一列石頭擺在從當地超市拿來的廢棄購物車開口前。這不

是什麼高招，一點也不高明，但非常可靠。我會在空流牌拖車的戶外烤肉架上烤肋眼牛排，和他們交換四輪鋼籃上剛捕到的銀鮭。

　　某天，有個狗仔記者搬進了露營拖車公園，打算偷拍我的照片。杭特酋長和弟兄們去告訴他說，他在保留區不受歡迎。

　　「為什麼？」狗仔記者說。

　　「因為我們是部落，你讓我們一位弟兄感到不舒服。」

　　「太可惜了，」狗仔記者反駁道，「我付了租金，這裡是自由國家！」

　　「這個保留區不是。」

　　杭特酋長和他的弟兄們當晚就把對方從保留區中送走。不只我再也沒看到他，他也沒看見我；一張照片都沒拍到。

　　六週後，當我拍完電影並打包準備離開時，麥克酋長與他的弟兄們給了我一個離別禮物：一只手工雕製的獨木舟船槳，上頭刻了斯闊米什國的雷鳥標誌。

　　「船槳讓斯闊米什國在水上找到方向。」杭特酋長說。「願這支槳成為你的羅盤，在你的旅途中指引你，馬修弟兄。」

　　從那天開始，我便親暱地稱我二十八英呎長的空流國際露營拖車為「獨木舟」。

cool - yes, he plays a character, but the character is alway
personal P.O.V and forms all opinions w/out personal bias. —
of nature.. I am in the garden, and the freedom-song of pleas
I dreamed of living here 1) for good 2) b/tween films 3) to w
They dance for a lady at daybreak & nightfall only. — I
appreciate a place, a character, a time, I must think o
goodness; God has such a colorful backyard ✸ I conclude I believe
he can see what he knows' — man must exit the comfort
the ears that listen, the pillows that he rests on — and
his mind has a thought, and his mouth goes to spea
and his God. In a time, in an America, when our
anywhere', with anyone, at anytime — by way of phon
comforts of home, they are so hard to leave, and Right
when we 'fear' leaving them, or 'not' having them I
jeopardy of losing our 'self' and our God. Technology
it is man-made, not God-given — So, man must exit.
His may be, and watch, listen, see a place where no on
that has no 'choice' (mother Nature) so he can have a
survive, where he is, w/out luxuries, and survive where h
he needs, and we all know it is a necessary, to survive. has
truths and the soul. that And the freedom that take cros
luxuries (phone, friends, t.v.,) are so clear and pure, that
and mind. One must leave home if he is to find'Home
home. → Do. Just like we stop praying & seeking when we a
remember when there is unrest in our lives; man must to leave
to solve a problem. Act, don't react — and yes, the cont
so go away from what you know, to find out what you know
is a luxury. Go away to your breeding ground, return, a
luxurious
[A smile I like has crossed my path, a walk I like has o
colors I see are brighter than before — I won't say I fin
opened the doors of my home and let them in. — I do
want. Everything I see is right in front of me. I want that I don't have here with me now.
Beliefs are better than conclusions ble you can drive them
The Model T on the showroom floor, there for all to ooh and ah

n HIS P.O.V. whereas the chameleon disregards his
understanding pleasure. Watch closely & listen to the ways
all around me. Good night Mateo, I love you, dream sweetly
e' 4) vacationing here. 4:45 AM. - up to watch Cock of Rock's
live here ½ the year realistically - I believe to
a place to live permanently - find the likeness, the
't is a necessity of man to leave what he knows so
e luxuries, the friendships, the advisors, the advice,
himself "into a corner", into a place where, when
, there is no one there to listen, but himself,
'es have b/come our necessities, when we can be
evision, autos, planes, carphones, stereos ... oh, the
, b/c I would not want to surrender mine, but
'fear' being able to survive, then we are in
asically 'good', but we must respect it as a luxury, b/c
ation as we know it, ; go to the garden, wherever
do anything for him but him 'self' - be in a place
I but 'choice', he can do nothing but 'choose' how to
return, with the luxuries. Every man must know what
hard' to leave our place (home, U.S.A.) but the
uy path, without the interruptions I welcome as
are places that are 'home' in every man's heart
stralia, Peru.) - Women with wet eyes make me feel ot
ling well (success, in the groove = luxuries) and only
his 'home' when, if not before it b/comes necessary
will come, as God's reminder of our mortality,
let necessity bear your luxuries, b/c necessity
o it with pleasure ; create, appreciate, respect. - I found
d my path, a necklace I like, is around my neck,
n, or own them now, b/c they found me, I simply
ant to possess anything, there is nothing I really
I see, yes, and all I see, is in front of me: To be present
tead of just look at them. Like Conclusions are
hile belief is the 81 Z28 on the highway -
PRACTICALITY WINS OUT 11.8.96

LOCALIZE TO CUSTOMIZE. ADAPT TO MODIFY. THE RENAISSANCE MAN IS AT HOME WHEREVER HE GOES.

本地化，以便客製化。適應，以便改變。
通才無論在哪，都感到輕鬆適從。

當我沿著西蒙大拿州的克拉克福克河（Clark Fork River）走時，才剛日落。

我從當天早上八點就在開車，因此我很累，也正在找露營拖車公園休息，也想在我的衛星電視上看最後一場太平洋十二聯會（Pac-12）美式足球賽。由於上一個鎮已離我太遠，下一個又在前方五十英哩外，因此我被卡在荒郊野外；這時我看到右邊的車頭燈照到了一處營區標示牌。我立刻減緩車速，並駛上公路旁漆黑的泥濘道路。

我駛過兩旁長滿松樹的漆黑小徑，抵達道路的盡頭。我停下來環視四周：沒人，沒房子，什麼都沒有。哈德小姐和我離開柯斯莫，獨木舟停在我們後頭；我們打算了解一下狀況，並找尋線索。當地一片空蕩。接著從松林之間，大約在林子內四十碼的深處，我看到了抽菸時冒出的閃爍橘色火花。我熄掉引擎，鎖上車門，我讓哈德小姐待在身旁，並往亮光走去。

走近時，我注意到一個穿著全白廚師制服的人影正在抽菸，一邊靠著牆，左腿打直，右腿彎曲，這讓我想起我哥派特的高中時光。一等我走近，那人就問：「在找地點嗎？」

「對，」我說，「我的衛星碟需要開闊的南方天空。」

他一動也不動，也沒有停止吞雲吐霧，只抬高頭，往右方示意。「和吧台的艾德（Ed）談，他會幫你處理。」

哈德小姐與我往那方向走，並碰上一扇龐大的硬木門，門板位於廚師靠著的龐大穀倉式建築的同一側。我打開門，而一股充滿光、音樂、與狂歡的聲勢就散發出來。這是棟酒館，當天則是周六夜。牆壁厚到除非你踏進屋內，不然不會知道這棟屋子的底細；裡頭擠滿了跳舞人群。

我們踏進屋內找尋吧台，此時一位有著友善棕色大眼的夏安族（Cheyenne）女侍走過來自我介紹。

「嗨，我是愛莎（Asha），進來吧，有什麼能幫你的嗎？」

「有，」我說，「我在找艾德。」

她往房間另一側點頭。「吧台後的就是他。」

我望向忙碌的吧台，還有吧台後方一個頭頂漸禿、蓄著灰髮的男子背影。「謝了，愛莎。」

「沒問題，還需要什麼的話，再告訴我。」她眨眼說，並回到人群裡。

哈德小姐跟在我後頭，我們則跨越酒吧。

「嘿，艾德？」我提高音量，以便在喧鬧中抓住他的注意。

「你要什麼？」艾德在啤酒龍頭旁叫道，幾乎沒把目光轉到身後。

艾德忙著處理自己早已熟識的當地群眾，今晚的他完全沒在找新客戶。他繼續倒酒。

艾德有癲癇症，因此他的臉會扭曲，舌頭也會無法自制地從口中伸出，但這病況完全無損於他身為酒吧管理人的優越感。

「讓我的拖車能面對開闊南方天空的位置！」我往吧台喊道。

「天空的什麼？」他尖叫道，終於轉過身來看這個不速之客的身分，對方居然要求菜單上沒有的東西。

「我需要能看到開闊南方天空的位置，」我指道，「這樣我的衛星碟才能收到九點鐘的美式足球賽訊號。」

他走過去上剛倒好的酒，並在經過時瞄了我一眼，然後說：「不。」

「嘿，你是馬修‧麥康納嗎？」我左邊傳來一股醉醺醺的嗓音。

我確保自己站穩腳步，不想讓自己輕易成為他們晚上的娛樂，並用有些自作聰明的語氣回答：「二十九年來都是。」我說。「怎麼了？」

那人醉到聽不出我的意思，臉上咧開大大的笑容並說：「該死，我就知道！」

他抓住我的手並和我握手。

「我是山姆，請坐，讓我請你杯酒，介紹你給我叔叔戴夫（Dave）認識。他在拉屎，等一下就回來。」

我認為這個地方比美式足球賽更有趣，而既然他們也不供應南方天空位置，我就接受了。

「我先帶狗去散步，再把拖車停好，三十分鐘後回來。」

當我離開酒吧時，聽到從吧台傳來的叫聲：「十一塊錢！隨便找你想要的位置，都可以用。」是艾德在說話。

三十分鐘後，我走回去並下定決心地坐在山姆與他的叔叔戴夫之間。

「你要喝什麼，馬修？」

「雙份金快活龍舌蘭（Cuervo）加冰塊。」我大聲地說，想讓艾德聽見，但他沒聽到。

「嘿，美人。」山姆對剛好經過的愛莎說，「給我的好朋友馬修三份金快活龍舌蘭加冰塊好嗎，甜心？」

「當然好，山姆，你也知道我叫愛莎，所以別怕喊我的名字。」她眨眨眼說。

我環視四周。每個人都面露笑容、調情、吃晚餐、喝一口酒、跳舞、玩拉霸機台。他們之前似乎都來過這裡，大多人也來了很多年，特別是山姆。

「嘿，小妞，幫我們再倒一輪好嗎？」之後他對另一個經過的女侍調情般地說道。

「這裡還要三杯，寶貝！」接著他對另一個女侍說。

我注意到每次他用暱稱叫她們，每個女侍都會要他喊她們的名字。女孩們並不感到威脅性；她們不在意性別政策。其實，她們反而表現出對他的好感。

喝到第四輪和第五輪之間時，山姆起身去上廁所。我問整晚都安靜地坐在對面的戴夫叔叔說：「山姆幹嘛叫每個女侍『親愛的』、『甜心』、『寶貝』、『美人』，而每個女侍都要他喊自己的名字？」

戴夫叔叔先深深喝了一口酒，才注視著我的雙眼，並講出答案。

「山姆與第一任且唯一一任妻子在六年前結婚兩週後，就失去了她；而我和他六年裡一週來六天的過程中，他依然不記得任何女侍的名字。從那之後開始，他就不記得、或無法說任何女人的名字。他說不出口。」

大約凌晨三點時，酒吧的人群變少，但派對尚未結束；我正靠著牆和幾十個深夜酒客投骰子。酒館的旅店經理喬西（Josie）三十五歲，有著一口歪曲的牙齒，往後退的髮線，她二十六吋的上腹部上還用皮帶繫起一件腰圍三十四吋的工作褲，身旁有條忠實的黑色拉不拉多犬，還有個十三個月大的兒子睡在一旁的搖籃中；一切都得歸咎於兩

年前的一場一夜情，當時她和我一樣途經此處，並在這座酒吧中見到
了一個名叫傑克（Jack）的男人，他們接著前往他的旅館房間，當晚
就上了床。當她隔天醒來時，傑克已經不見了，但他的黑色拉不拉多
犬還在床邊，因此她「在這裡待了一陣子」，幾個月後她發現自己懷
孕了。今晚，喬西要「為新一組輪胎賭一把，因為上個月我用爆胎的
輪胎開了八英哩，因此毀了其他三個輪胎。」

還有唐尼（Donnie），他是個栽種有機蘑菇的農夫，目前與唐娜
同住在小屋中。他喝得越醉，就對所有認為他「和唐娜一起睡」的當
地人感到生氣。「唐與唐。」每個人都不斷這樣嘲弄他們。唐娜結婚
了，但她丈夫得去阿拉斯加做鑽油工作，去年他都在那工作。她承認
自己想過和唐尼上床，因為「他是男人，我是女人」，但又說：「我
只是在幫忙他，因為他沒有地方住，而我有空房。」唐娜有兩個碩士
學位，但「學位在蒙大拿無法幫你多少。」她說。「我在離這裡五十
英哩外、位於米蘇拉（Missoula）的人道協會工作一整天，晚上則
來這裡當酒保。」接著她讓我看腿上和腋窩中自從八月長到現在的
毛。「準備好過冬了。」她說。

比爾（Bill）與蘇西（Susie）結了二十二年的婚，並在十五英哩外經
營一家酒吧，但從來不賺錢，於是他們一起退休。蘇西發誓，為比爾
來自前一場婚姻的兩個青少年兒子擔任母親，比讓酒吧維持營業難多
了。比爾說蒙大拿最棒的出口品就是孩子。基礎教育很棒，大多父母
也很善良，但由於在州內很難維持生計，所以孩子都得出外找工作。
「但一等他們賺夠了錢，就全會搬回家，因為沒地方比蒙大拿更好。」

幸好他們沒有車位看得到開闊的南方天空。

綠燈。

露營拖車生活中最大的自由之一，就是能隨時紮營，離開，並找個新後院。追逐運動賽事、演唱會、在沙漠中無電露營、早上在愛達荷州河流邊醒來時看到窗外有頭棕熊、爬過猶他州羚羊峽谷（Antelope Valley）、見到像我在蒙大拿碰上的人們、或是在紐約市由港務局護送穿越時代廣場，但你也需要能收信的地方。我特別喜歡在科羅拉多州的戈爾登（Golden）度過夏天，和在德州的奧斯汀度過秋天，因此我在兩地的公園中各裝了一處信箱。這兩個地點對我而言是「母基地」，哈德小姐和我會停在這兩處一陣子，閱讀信件，連結到城裡的電源與水源，和老朋友們玩，並計畫我們下一場冒險。

白領禱詞

去過美國深南部（Deep South）的浸信會（Baptist）教堂嗎？

他們會說真正的禱詞。

他們祈求得到自己需要的事物。

上帝，如果我生病了，
請派名醫生給我。

上帝，如果我被告了，
請派名律師給我。

上帝，如果我冷了，
請給我條毛毯。

上帝，如果我餓了，
請給我一點食物。

藍領禱詞。

接著還有特權人士的禱詞。

他們講出虛假的禱詞。

他們祈求得到自己想要的事物。

上帝，幫我贏得這場比賽。

上帝，讓媽媽買那件洋裝給我。

上帝，讓我得到奧斯卡獎提名。

上帝，讓我得到那艘遊艇。

白領禱詞。

我們得停止要求上帝回應
這些禱告。

他很忙。

正忙著找新輪胎。

第5章

改頭換面

TURN
THE PAGE

一九九九年十月二十三日

　　在路上旅行三年後，哈德小姐和我開始渴求更居家的生活：乾淨的床單、設備齊全的廚房、以及聽起來像香格里拉瀑布的強烈水壓；於是我決定要在塔里敦（Tarrytown）的平靜小社區中租一棟有兩間臥房的房屋，地點位於德州奧斯汀的中心。除了秋天和在那上大學外，我喜歡奧斯汀的原因，是由於它總是讓我能做自己。這確實是為何奧斯汀這麼酷的理由；在奧斯汀，你只需要做自己，而當你這樣做時，奧斯汀也會感激。它從不需要我的照片作為證明，它只要看到我，就夠開心了。

　　在塔里敦這種社區中，狗可以不受牽繩控制地跑，孩子們能在街上追球，而不需要小心來車，而自從爺爺奶奶們在當地出生後，就沒改過地址了。我有座花園要照顧，還得擔任打擊手，也得看我母校的美式足球季。好好生活。

　　在星期六午後的達雷爾·K·羅亞爾紀念體育場（Darrell K Royal

Memorial Stadium）中，排名第十八名的德州長角牛隊才剛擊敗從未輸球、全國名列第三的內布拉斯加剝玉米人隊（Nebraska Cornhuskers），比數是二十四比二十，使剝玉米人隊得到該季唯一的敗績。城裡一片轟動，我也感到極度激昂。該是慶祝的時候了。

　　我從半夜狂歡到星期日，又連到星期日晚上，中間完全沒闔眼。

如果你昇得夠高，太陽便會永遠閃亮。

　　那個星期一凌晨兩點半，我終於決定要休息。該調暗燈光，脫掉衣服，打開窗戶，讓花園裡的茉莉花香飄進來。該抽一管大麻，一邊聽亨利‧迪孔古（譯注：Henri Dikongué，喀麥隆歌手）美麗的非洲旋律從我的家用音響中流瀉而出。該站在我的鼓組前，在藍調旋律抵達孟斐斯前跟上速度（譯注：此處影射歌手湯姆‧霍爾〔Tom T. Hall〕編寫的鄉村歌曲〈我如何抵達孟斐斯〉〔That's How I Got to Memphis〕），並用我最喜歡的非洲古巴鼓演奏：康加鼓（conga），這種樂器源自儀典與靈性方言。

　　對我而言，康加鼓、邦哥鼓（bongo）、金杯鼓（djembe）一直都是最純粹且直覺性的樂器。沒有鼓棒、電力、均衡器、琴弦、工具或改裝，只有人類已知最接近語言、禱告、舞蹈的親密接觸：打擊。這股音樂根源，來自一切音樂的根源：非洲。該讓我融於其中，飛入

迷霧，並飄入夢境了。該即興演奏了。

我不曉得的是，當我喜悅地打鼓時，兩名奧斯汀員警認為該無預警地闖進我家了；拿著警棍的他們把我摔到地上，給我上銬，並讓我緊貼地面。

「噢，看看我們抓到誰了。」理平頭的壯碩警察說，他看起來彷彿是內布拉斯加剝玉米人隊的球員，他一面從我的咖啡桌上拿起車牌閱讀。

接著他拿起水煙斗。「看看我們找到的東西。麥康納先生，你因妨害安寧，持有大麻，與拒捕被捕了。」他驕傲地說，同時蹲在我身上，膝蓋壓著我的背部。

「去你的，狗娘養的！你們闖進我家！幹，對，我拒捕！」

「夠了！」他咕噥道，接著把我拉起身。「我們要帶你到城裡。」

另一名較為禮貌的員警，則從沙發上抓起一張毛毯，並用它裹住我的身體。

「別這樣做！」我吼道。「我什麼都不穿！我的光屁股證明我只是在做自己的事！」

他們護送我走出房子，並從庭院出口走到街上。全身赤裸且不願受困於當前窘境的我，想到了一個聰明到不行的應付方法，我可以跑上位於大門走道左右的牆面，然後再用後空翻跳過走在我身後的剝玉米人警察的頭頂。我的想法是，當我跳到半空中、身體還上下顛倒時，我就會擺出前屈姿勢，接著把被銬住的手腕滑到屁股下，再繞過我的腿，接著在剝玉米人員警後頭落地，這樣上銬的雙手就會移到我面前了。我當時認為，在做出如此傑出的魔術絕技後，員警們會感到相當佩服，因此撤銷逮捕而釋放我。我知道，這是個蠢點子，但你得記住，我已經連續慶祝三十二個半小時了。

我永遠不會曉得自己的動作計畫是否可行。它沒有發生。反之，在

我往牆面踏出三步前，剝玉米人就把我撞回了磚砌走道上。

在此同時，警方雷達上肯定已經大肆宣傳了逮捕對象的身分，因為街上停了六台亮著燈的警車，還有四十個鄰居站在那。

「你確定不要這條毛毯嗎？」禮貌的員警又問道。

「當然不要，這是我的無罪證明！」我對街上所有人喊道。

他們壓低我的頭，讓我坐進巡邏車後頭，並把我載到分局。在我們抵達後，我又拒絕了對方第三次給我毛毯的要求，接著我們走上階梯，前往奧斯汀警局的入口。

在入口的雙重門邊，有個六英呎高、兩百八十五磅重、全身滿佈刺青的獄友正在工作，他在入口外向我打招呼。他拿著一件男用橘色獄服長褲。在他開口前，我說：「裸體是我的無罪證明，老兄。」

他看了我一眼，看來明白我的意思，但他更了解當下狀況。「我們都是無辜的，老兄。相信我，你會想穿褲子的。」

或許是因為他誠實的雙眼，或因為他也是罪犯，也許是因為我突然醒悟到，如果六呎六高、體格壯得像磚砌房屋的監獄老鳥告訴你「進去前，你絕對會想穿上褲子」的話，你最好聽他的。

「好。」

他彎下身子，打開褲管，把監獄棉褲套上我的腿，直到橡皮鬆緊帶套緊我；接著，我就往牢裡走。

早上九點半，我三十二個半小時的興奮感，現在已轉為宿醉感；我坐在牢房角落，此時有兩個人出現在鐵欄另一側。

「麥康納先生，我是潘尼・威爾考夫（Penny Wilkov）法官，這位則

是犯罪辯護律師喬・特納(Joe Turner)。」一名勤務員打開了牢房的門。

「我不曉得為何妨害安寧的報案電話,會升級為拒捕的 A 級輕罪,與持有少於兩盎司大麻的 B 級輕罪。」法官說,「或為何我們兩名警員未經警告就強制闖入你家。我要駁回妨害安寧與持有大麻的輕罪,再針對拒捕給你判個人保證金。我不明白、也不同意為何這件案子會被搞大。」

「這個嘛,潘尼法官,我不太確定我聽得懂你剛說的話,但我跟你有同感。」我說。

多年前曾為威利・尼爾森(譯注:Willie Nelson,美國音樂家與演員)打贏過持有毒品官司的律師喬・特納此時開口:「法官,我們都同意情況惡化得太快,但你也得了解,這些警員趁他全裸打邦哥鼓時直接闖進他家!拒捕行為是自我防衛!我建議你取消這項罪名,而我的客戶願意接受噪音條例的 C 級違警罪,因為凌晨兩點三十六分時,他確實把邦哥鼓打得太大聲了。」

「成交,結案。」法官說。

「那是什麼意思?」我問。

喬拿出他的皮夾,掏出一張五十塊美金鈔票,往我揮了揮,接著望向我並說:「意思是我會付你的出獄費,你也欠我五十塊錢,然後你就可以走了。我派了台車在後門等你,或是你可以走前門去面對媒體,外面有很多記者在等。這裡有一袋你鄰居送來的乾淨衣服。」

我向他們倆致謝,在洗手間中穿上衣服,用冷水洗了臉,並試圖接納突如其來的好運。你會問,為何這算是突如其來?我當然很幸運,只花了五十塊美金就離開監獄,這可不會發生在每個因拒捕或持有大麻而遭逮捕的人身上。如我所說,問題在於在我的家族中,我們不會因為犯罪而惹上麻煩,被逮到才會。我的家人並不是為了讓我在未來的任何時候因任何罪狀坐牢才養大我的,而雖然我的罪行之前已經觸

犯過很多次，未來也會繼續犯，但我被逮到了，也因此我心中浮現了罪惡感。這是法外之徒的邏輯。

　　為了尋求一些無所畏懼的慰藉，我決定在選擇自己首次入獄結束後該以什麼方式離開之前，先打給我媽。或許是因為我確定她對我的處境不會抱持一絲憐憫，同時我也曉得她會倒杯酒，慶祝我捅出簍子的狀況。會是她接電話，還是新的狂熱粉絲會接電話？我不知道。結果兩者皆是。

　　「他們搞了什麼，馬修！？闖進你家！？那些狗娘養的，你得維持氣魄。」她說。「抽點小東西和在自己家裡半夜裸體打鼓根本沒有錯；他們以為自己是誰，敢這樣闖進你家！？」

　　這就是我需要的東西。我掛掉電話，並決定走向前門的大批媒體，而不是從後門溜走。

綠燈。

　　兩天後，奧斯汀就到處都找得到「裸體邦哥鼓」的 T 恤了。

　　我把「違反噪音條例」的罰單裱了框。

　　那名「剝玉米人」之後被警方開除。

　　喬‧特納讓我的拒捕紀錄被撤回，我也重獲清白，結束了自己的犯罪生涯。

　　但我為期兩天的派對還有其他後果。

　　多虧了一家當地報社的編輯，他心不在焉地在都會版面的頭版上印出了一張我家的照片，上頭還寫了地址，於是我在塔里敦的住家迅

速成了觀光勝地，甚至對當地人也一樣。好心人士會留下六罐啤酒、不同的鼓組、還有許多大麻。這舉動有趣又善良，但卻讓我們的寂靜小街區變得宛如布蘭特伍德（Brentwood）的南邦迪路（South Bundy Drive）（譯注：前美式橄欖球星 O・J・辛普森殺妻案的發生地）。狗兒們得再度繫上繩索，在街上追球時也不能不看路了。

名氣能改變人，但在這狀況中，它也改變了地點。我的匿名性再度消失，如果我繼續住在當地，對我自己或鄰居們都不公平，因為我在米多布魯克路（Meadowbrook Drive）上找到的寧靜已經被打破了。鄰居們強力要求我不要搬走，但我別無選擇。該一勞永逸地道別，而不是說明天見了。哈德小姐與我打包行囊，躲避了租約，並再度往西前進。

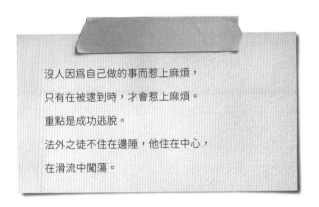

沒人因為自己做的事而惹上麻煩，
只有在被逮到時，才會惹上麻煩。
重點是成功逃脫。
法外之徒不住在邊陲，他住在中心，
在滑流中闖蕩。

二〇〇〇年一月。由於演員罷工已迫在眉睫，而自從我上一部賣座大片後，我只拍了幾部電影，我需要回到好萊塢並再度忙碌。我得再度出現在業界的目光中，在城裡工作，開會，和做決定的編劇們相處。

《牛頓小子》、《接觸未來》、《勇者無懼》、《艾德私人頻道》

（EdTV）、《獵殺 U-571》（U-571）的票房，和我在片中的表現，都沒有在電影界達到像《殺戮時刻》的水準，也沒造就對馬修・麥康納的白熱化期待。我在找尋的一流片商邀約再也沒有出現。我依然是有吸引力的明星，但我的光環已變得黯淡，以片商的說法而言，我失去了一些「熱度」，我也掉了些頭髮。

　　由於罷工即將開始，好萊塢也準備好在停工前盡快展開許多影片的製作，我得到了一個高於我市價的邀約，要我在《愛上新郎》（The Wedding Planner）中演出主角，和珍妮佛・羅培茲（Jennifer Lopez）對戲。我讀了劇本，內容看起來很有趣，薪資也很高，我也準備好上工了。拍攝於兩週內在好萊塢開始。我同意了，位於花花世界（譯注：Tinseltown，好萊塢的綽號）中心的傳奇性旅館馬爾蒙莊園酒店（Chateau Marmont），就成了哈德小姐與我的新家。對，齊柏林飛船（Led Zeppelin）的約翰・博納姆（John Bonham）曾在這裡的大廳中騎重型機車，約翰・貝魯西（譯注：John Belushi，美國七、八〇年代喜劇演員）則因吸了過量古柯鹼而在三號屋舍過世。

　　準備好上工並帶著康加鼓的我，從片商那兌現了支票，並買了條皮褲和一台勝利雷鳥牌（Triumph Thunderbird）重型機車，向馬爾蒙莊園酒店付了張十二萬美金的帳單，也拿到我的房間鑰匙，隨時退還都可以。

　　浪漫喜劇和我之前的經歷完全不同。它們是輕鬆作品，而非輕量級作品；它們被設計來讓人感到飄飄欲仙，而我也學會享受虛無飄渺的演出，如此才能使這類電影成功。我很快就明白，和戲劇類表演不同的是，在肥皂劇中，你不能放下心錨，也不該取材人性，不然就會搞砸一切。我很享受這種演出，一切都是綠燈，就像是個週六的放鬆角色，處在充斥一連串週六事件的故事中。

在馬爾蒙莊園酒店中，每天都是週六，生活優渥舒適。我也再度投入了我的角色。急於與心魔共舞、而非與其抵抗的我，渴望與深淵談判，毫無限制地做出交易，看看自己是否能全身而退。

我「不做不划算」的日子，導向許多「我不記得，也別想起」的早晨。你懂那是怎麼回事，通常下一步就是「不懷好意」。

單身、健康、誠實、又身為理想對象，使我享受了鼓勵調皮行為的高級旅館帶來的暫居時光：交易、調情、關係；為租而租，而非擁有。我穿了皮褲。我騎了雷鳥機車。我經常在白天沖澡，過程也鮮少獨自一人。我參與了不少活動。

我擁抱了樂趣、自己的名氣，與毫無宵禁的夜晚。當我不在工作時，就在泳池旁邊讀劇本邊曬太陽、寫詩、找朋友來吃午餐、帶哈德小姐散步、去跑步，接著準備步入好萊塢的燈光中。由於我性好輕鬆生活，這些夜間冒險都能以步行進行，考量到我喜歡自由飲酒的習慣，這算是個優點。我會和朋友見面吃晚餐，並回到馬爾蒙莊園酒店，在深夜狂歡、跳舞、有時還會摔角。再度當地化並改變自己的我，也有旅館廚房的鑰匙，這讓我能方便地在凌晨三點找牛排煎。

吻火並吹著口哨離開

我配啤酒吞下維他命，

也比平常咀嚼更多菸草，

我四處爬行，追逐月亮，

與騎乘掃把的女人們共眠。

這樣我才能親吻火焰，並吹著口哨離開。

接著我得到了電影《火焰末日》（Reign of Fire）中丹頓・凡桑（Denton Van Zan）的角色。凡桑是個抽著雪茄的末世硬派屠龍人，他吃了每條自己殺掉的龍的心臟，也在肩上扛著一個侏儒。後來肩上的侏儒從劇本中被移除，但我一直很喜歡這概念。我立刻對凡桑這種角色產生理解與需求。他是個擁有獨特人格構成的男子，他孑然一身，不力圖求生，反而盡力阻止絕種情況發生。他是個宛如島嶼的男人，他的自由出自孤獨。

　　或許是因為我在馬爾蒙莊園酒店度過的十八個月奢華時光：酒精，女人，貪食。或許這是讓自己遠離近來演出的陰柔肥皂劇中的虛偽氣泡。或許兩者皆是。總而言之，我覺得該再度尋找週六了。我需要一些黃燈。

　　我一生中都不斷質疑自己的存在，並找尋人生意義，但現在我首次質疑了上帝的存在。這是存在主義危機嗎？我將它稱為存在主義挑戰，也準備好面對它。我並沒有停止相信上帝，也持續保有自我仰賴與對自由意志的責任。我受夠了命運的理由，也準備擔任自己的主人，那個接受責難與受到無罪開釋的對象，也需要確保掌控一切的人是我自己。

　　我疲於使自己在優渥環境中變成脫韁野馬，我受夠了平白得到的原諒、虛偽的同情、禮數與儀態、還有自我沉溺的情緒。當我們全往紅燈衝時，為明日而活就看似愚蠢行為。我勇敢地在禱告中說一切由我負責，但依然感到害怕，因此繼續祈禱；我相信一切可能毫無意義，也不願再為了某種目的而努力。

　　「上帝，如果你在的話，」我祈禱道，「我希望祢欣賞為了得到毅

力而不害怕費盡心力的人。我希望祢會獎勵決定不再盲目相信一切由你宰制的人。」

　　凡桑的生活態度與我相同；我準備好效法他了。

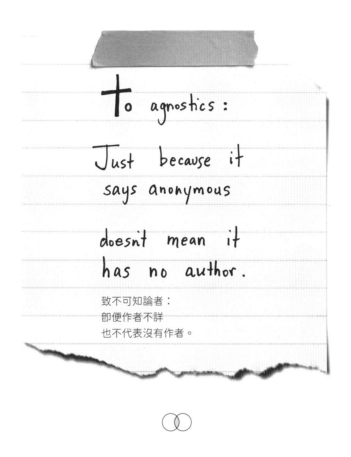

To agnostics:

Just because it
says anonymous

doesn't mean it
has no author.

致不可知論者：
即便作者不詳
也不代表沒有作者。

　　我接受了片約，並立刻剃光頭髮。為什麼呢？這個嘛，我可以告訴你說，是因為我對那角色的想法，或是我清楚這樣片商會很火大，而我正想找人吵架，但如我之前所說，真正的原因是我在掉髮。

　　我最近剛開始使用一種叫做生髮寧（Regenix）的生髮產品，一天得使用兩次。我也讀到把頭剃得光亮，能增加頭髮變茂密的機率；因此，身為重視虛榮的男人，如果我要扮演凡桑，他就得剃光頭*。

　　我不曉得你以前有沒有剃過頭，但假如你剃過，就知道頭髮下的皮膚可能很粗糙。我的頭骨上有凹痕，還有塊乾癬，我的頭皮也很蒼白。狗仔們在我剃頭後隔天拍到了我全新的光頭，下週那張照片就上了《時人》雜誌（People）。

　　我的電話很快就響了起來。

　　「你沒有剃光頭。」一股陰森的嗓音說道。基於隱私問題，我不會提到他的名字，但他是對《火焰末日》投資了一大筆錢的某位片商高層。

　　「有，我剃了。」我魯莽地說。

---

* 和一名保證「如果兩人都相信某事，這件事就會成真」的朋友握手，並花了兩年勤奮地每天在頭皮上抹生髮寧後，我的髮線變得比之前更茂密，而一切都開始於剃了不錯的光頭。

「不，你沒有，我拒絕相信這件事，馬修。你只是戴了光頭頭套來惡作劇。」這依然是句陳述，不是疑問。

「不…我剃了光頭。」

他掛掉電話。

那天下午，飯店櫃檯送了一封手寫信件到我的房間。

　　　　「麥康納先生，在我們今天早上的談話中，
　　　　　　你拒絕承認自己沒有剃光頭。

　　　　　如果你否認這件事，請把話說清楚，
　　　　這樣我們才能繼續合作拍這部電影。

　　　如果你確實剃了光頭，這就成了件悲劇，也是嚴重失誤，
　　　　此舉也可能為你帶來嚴重**惡報**。」

對，他用粗體寫下「**惡報**」，還劃了底線。

我想：「好吧，我應該因為這傢伙的惡報鬼話揍他一頓，但光頭聽起來真的很糟。」嗯哼。我不是想打架嗎？機會來了。

多年來，我弄懂了好萊塢的一些把戲。對初學者而言，比起照好萊塢的規則做你的工作，不如在做好萊塢的工作時，執行你自己的計劃。你得搞清楚重點，重點就是：沒有個人恩怨。從「我愛你」到對方當你上一部片票房不理想時沒回撥的電話；他們會派加長禮車去接你，但你得自己搭計程車回家。沒有個人恩怨，一切公事公辦。

至於對方的惡報威脅呢？那並非針對個人，但相當傲慢自大，態度也很差。該打壓他的氣焰了。

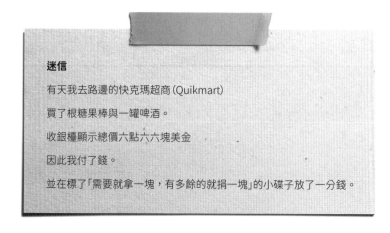

迷信

有天我去路邊的快克瑪超商(Quikmart)

買了根糖果棒與一罐啤酒。

收銀檯顯示總價六點六六塊美金

因此我付了錢。

並在標了「需要就拿一塊，有多餘的就捐一塊」的小碟子放了一分錢。

那週末有場很大的好萊塢業界派對。所有高層主管和大人物們都會出席，惡報先生很可能也會去。

我買了一件訂製的古馳(Gucci) 三件式藍色西裝，顏色很搭我的眼睛。接下來的五天中，我一天花四小時在泳池旁把蒼白的頭頂曬黑，接著在曬成漂亮古銅色的頭皮上抹油（不是貂油），直到頭皮亮得能使巨石強森(Dwayne Johnson) 感到嫉妒。接著我就去參加派對。

我沒看見惡報男。也不需要這樣做。人們注意到我的頭，特別是小姐們。人們也發現小姐們在注意我的頭。

下週一，我的電話響了。是惡報男打來的。

「我一開始很害怕，但我改變心意了，馬修。我愛死那顆光頭了！你看起來很有原創感，而且帥呆了！我超愛。」

我把一分錢放進碟子裡。

綠燈

Some people want the AC on in the gym so they won't sweat.

I wear my beanie in July so I will.

有些人想在健身房裡裝冷氣，這樣他們才不會流汗。

我七月也戴羊毛帽，這樣才會流汗。

　　我有兩個月能進行準備和訓練，來成為我的角色：凡桑。我需要孤獨，因此我決定去我哥位於西德州的洛卡佩洛塔斯牧場（LocaPelotas），它離最近的城鎮有十七英哩，而鎮上也只有五百一十八位居民。它與世隔絕，佔地一千五百英畝，盛夏時則熱得要死：這是個用於準備屠龍的完美地點。接下來的任務，則是發展出我原創的屠龍者心態、體格，與每日健身計畫。屠龍者會做什麼？屠龍者會接受哪種訓練？

　　我想出了一個要在七月中的華氏一百零八度（譯注：約為攝氏四十二度）天氣中執行的計畫：

1. **每天日出起床前，都喝一杯雙份龍舌蘭**。對，屠龍者會那樣做。用火焰般的吐息對抗噴火龍，早上起床第一件事，就是讓內臟起火。要打敗龍，就得成為龍。太完美了。

2. **每天在沙漠上打赤腳跑五英哩**。**往外跑兩英哩半，再跑兩英哩半回來**。對，讓我的腳跟變得強健。我的腳現在很軟嫩，因為我穿鞋子。我得讓腳跟變得更堅韌。再說，龍的皮很堅韌，我也得變得更像自己的獵物，對，像凡桑這種屠龍者會有堅韌的腳跟，能用於抵抗細菌感染。太棒了。

3. **當我站在穀倉屋頂上、低頭望向四十英呎下的水泥地時，讓自己的心跳率維持在一分鐘六十次以下**。對，我怕高，但凡桑不怕。我每天都得這樣做，直到我能踮著腳根站在邊緣，同時讓心跳率維持在一分鐘五十次以下。對，我要這樣做。太帥了。

4. **每晚午夜跑入牧場中，並挑戰睡覺的乳牛**。對，我要挑戰乳牛，把牠們撞倒，我會變得結實粗壯，對，屠龍者就會這樣做。凡桑就會這樣做。太好了。

於是，情況如何呢？

這個嘛，我在第六天早上日出時，吞下了床邊的雙倍金快活龍舌蘭，然後早上七點又喝了一杯。真是壞主意。完成了。

第九天午夜，一頭大公牛用頭撞我，讓我在試圖把牠壓制到地上時，撞出了腦震盪。唉唷＊。

在花了十一天，每天赤腳在崎嶇的華氏一百零八度炙熱沙漠與礫石

＊　有一晚，牧場經理（他是位來自墨西哥的七十歲男子）聽到一群牛害怕的嗚叫聲，於是從小屋中走來調查原因。這時他在牛群之中看到光屁股的我。因此牧場得到洛卡佩各塔斯的名稱，在西班牙語的意思中是「瘋狂卵蛋」。

中跑五英哩後，我的腳底長出跟牡蠣一樣大的水泡，痛到讓我無法走路，更別說要跑步了。糟糕。

　　而試了兩個月後，我從來無法靠近那座穀倉屋頂邊緣三英呎內的範圍，當時我的心跳每分鐘也從未少於一百二十五下。沒成功。

　　我的屠龍者健身計畫徹底失敗，但好處是我經歷了許多痛苦，任何優秀的屠龍者都會這樣。

　　完成我自己安排的六十天屠龍者訓練營後，我就前往愛爾蘭拍片。凡桑是個很棒的角色：他是沒有祖國的戰士，除了光頭外，還帶著一把戰斧。我很想念他。好的角色會得到我的尊敬，而凡桑完全沒剔除掉我體內的瘋狂，反而更讓我掌握自己。他提升了我對求生代價的了解，也提醒我責任比家園優勢中的虛榮更重要。到了今天，他的戰斧依然掛在我辦公室座位後頭的牆上。

　　在又濕又冷的愛爾蘭冬天完成四個月的拍攝後，我感到身心疲憊，且對終於能稍微歇息，讓我傷痕累累的身體與心靈康復一事感到愉悅。精神上而言，我很強健；我挑戰了自己對上帝存在的依賴感，以便更仰賴自己，這經驗成了很寶貴的練習。就像我父親辭世時，我也再度練習了不太佩服，但更投入的心態。

　　完成主體拍攝的三天後，當我正在愛爾蘭都柏林的利菲河（Liffey River）北岸上的摩里森飯店（Morrison Hotel）補眠時⋯

　　我做了春夢。
　　我仰漂在亞馬遜河上，身上纏繞著森蚺與蟒蛇，周圍則有鱷魚、食

人魚，還有幾條淡水鯊。在我視線可見的左側河岸邊，有並肩站立的一排非洲土著。

　我感到平靜。

　十一格畫面。

　十一秒。

　接著我達到高潮。

　又來了。

　對，這和我五年前的春夢一模一樣。

　我很確定夢中的兩件事。一，我在亞馬遜河上；二，河邊那些人是非洲土著。

　這是個跡象。

　由於我已經去過亞馬遜河，也證實它其實位於南美洲了，我知道現在是時候該去非洲了。但要去非洲哪裡？

　幾個晚上後，當我仔細研究非洲地圖集、思考春夢到底要我去這塊龐大陸塊上的何處時，我正在聽自己最喜歡的音樂家之一演奏：阿里·法卡·圖日（Ali Farka Touré）。

　接著我靈機一動。阿里被稱為非洲藍調歌手。

　他是從哪來的？我從沙發上跳起來，抓起寫了註記的 CD 盒。「馬利共和國，尼亞芳科」（Niafunké, Mali），該地位於尼日河（Niger River）上的莫普提（Mopti）北邊。

　「我會去找他。」我說。

　該找尋另一半春夢了。

Sometimes which CHOICE you make is not as important as MAKING a choice and COMMITTING to it.

有時你做出的選擇，不比做出選擇並投入其中還重要。

我買了前往馬利首都巴馬科（Bamako）的單程機票，接著搭了九個小時的便車前往港口城市莫普提，我在當地碰上了一位名叫以薩（Issa）的嚮導，他有一艘船。為了隱姓埋名，我自稱為「大衛」，並告訴他我在找阿里·法卡。隔天我們就往上游航向尼亞芳科。

在搭著皮洛格船（譯注：pirogue，裝有四馬力舷外引擎的小型獨木舟）往尼日河上游航行四天後，我抵達了河濱小鎮尼亞芳科，而找尋了五小時後，我就在阿里的第二任老婆家找到了他。他完全不曉得我是誰，只知道這個美國的旅行者是他的歌迷。他的第二任老婆為我們準備午餐，我們則以傳統馬利方式用餐，圍著圓圈坐在裝滿撒了佐料的飯的公碗周圍，並用右手取食，絕對不用左手。

阿里是我其中一位音樂偶像，但他不知道的是，他同時也是我在世

上第二大陸塊上旅程中的唯一停留點。我選擇在夢中追逐的孤獨地理座標：北緯 15° 55'55.92"，西經 3° 59'26.16"（尼亞芳科的經緯度）。

我停留在他身邊這點，會產生哪種跡象，將我導向亞馬遜河春夢中站在左河岸邊的成排非洲土著的意義呢？我們用了餐，他則彈了幾首歌給我聽，以薩則用當地方言班巴拉語（Bambara），將我對他音樂的熱情翻譯給對方聽。之後我問他：「為何你只在西非與法國表演，而不在其他國家（包括美國）巡迴演出呢？」他莊重地回答：

> 「因為我在那裏宛如乾屁，我和我的氣味都不會黏在你們身上。
> 　在這裡的我是濕屁，我和我的氣味都會沾黏在你們身上。」

當天尾聲時，我們在道別時擁抱彼此，接著以薩和我回到皮洛格船上，目的地未知。我想：「現在呢？夢還要我去哪？」在我沒有做出任何要求的狀況下，以薩開始說話。

「馬利有種叫做多貢人（Dogon）的魔法民族。早在現代天文學發展出來之前，他們就透過外星傳輸，得到了關於群星的宇宙知識。一千多年前，他們逃到一個叫做邦賈加拉懸崖（Bandiagara Escarpment）的地方，以便躲避穆斯林入侵，他們住在當地河邊的村落中。我想你很適合去那裏，達歐達（班巴拉語中的「大衛」），你能在那裏回想起來。」他說。

另一項天降啟示。

我想：「記好了，寧可臭名遠播，也不要受人遺忘。」沒錯。濕屁。「好，去那裏吧。」我說。

我們裝載了皮洛格船，接著往尼日河上游航行了五天，先往北走，接著往南追尋我春夢中的剩餘跡象。

在前往邦賈加拉的路上，我們在傳奇城鎮廷布克圖（Timbuktu）停下腳步。這座藝術與學識中心是個寧靜的小貿易聚落，坐落於尼日河北岸，與撒哈拉沙漠南部。

有一晚，當整個下午都在撒哈拉沙漠中賽駱駝後，以薩、他兩個受過良好教育的朋友阿里（不是法卡·圖日）與阿瑪督（Amadou）和我正在旅館餐廳的陽台上吃晚餐，這時一個年約二十五歲的漂亮年輕小姐從旁走過，她專心地注視每張擠滿男性的桌子。她明顯是個妓女，正在找生意。

「噢，這樣不好。」阿里說。「這是個穆斯林女子，而這不是穆斯林的處事方式。你不能販賣自己的身體，這很丟人，她不該這樣做。」

「這個嘛，」阿瑪督反駁道，「誰都不該批判別人該做或不該做什麼事。我們不清楚她的特殊狀況，因此不該判斷她做或不做哪些事。」

209

　　兩人繼續這個話題，態度也漸趨激烈與聒噪。認為這成了爭執的我，在他們稍作停歇時立刻插話。

　　「我同意阿里的說法。她不該這樣做，她應該要更努力找有尊嚴的工作，而不是在年輕力壯時當妓女。我認為阿里沒錯，我想——」

　　此時，阿里，這個我支持的人，居然對我大吼：

「這與對錯無關。重點是『你懂嗎！？』」

　　感到有些震驚的我，膽怯地靠回椅背上，而阿里則帶著復仇般的嚴厲眼神看我。

　　最後，阿瑪督，這個我反對的人，望向我並溫和地說：「你懂那點嗎？」

　　我懂了。「對，」我說，「我懂，抱歉。」

　　阿瑪督語氣尖銳地盯著我說：

「你最好維持不同，而不是感到抱歉。」

　　哇，他剛對我說的話，和我在澳洲時對自己說過的話一樣，當時我拒絕叫督利夫婦「爸媽」。這是非洲諺語中的雙重困境：他們並不是試圖贏得辯論。他們試圖了解對方。那很不同。（嘿，美國人呀，我們可以學習這點。）隔天早上，我們繼續前往邦賈加拉懸崖。

指控前，先教育。

210

　　邦買加拉的多貢人村落由一小群泥屋組成。每個聚落都離河邊有八到十五英哩的距離。抵達時，酋長會在村落邊界見你，如果他喜歡你的眼神，就會歡迎你入內。反之，你就得繼續往前走。我總是受到歡迎。

　　由於剛拍完《火焰末日》，我還留著光頭與大把鬍鬚，體格也很強健。抵達馬利時，我告訴以薩和其他問我的人說，我是個作家與拳擊手。邦買加拉沒有電力，因此沒人從我的電影中認出我，他們對我身為作家這件事也不感興趣。不過，他們對拳擊手這點很有興趣。

　　關於我的消息開始在每座村莊中流傳：「強壯的白人達歐達在本地出沒。」有一天，在我抵達一座名叫貝格尼馬托（Begnemato）的美麗村莊後，我已對抵達該處的十四英哩路程感到疲憊，就躺在地上伸展雙腿。兩個年輕男子迅速走近，往下看我並開始向我喊話，而不只是對我說話，語氣中充滿挑釁感。人群迅速聚集起來。

　　「他們說什麼？」我問坐在一旁的以薩。

　　「他們說自己是村裡的摔角冠軍，想要挑戰強壯的白人達歐達。」

　　我繼續躺在地上評估狀況，而突然間，這兩名年輕人往相反方向落荒而逃，人群也鼓譟起來。我抬頭一看，現在往下看我的人是個上身赤裸的高大男子，比之前兩個人的體格更結實，腰上還纏了只麻布袋。他指向我的胸口，接著指向自己的胸膛，然後指向右方。人群的躁動聲變得更激烈。我轉身看他指的方向，並看到更多興奮的村民，他們全都圍著一座大泥坑。

　　接著我望向以薩。

　　他露出微笑。「這位是米歇爾（Michel），他是這座村裡真正的摔角冠軍。」

　　我的心跳開始加速，人群也發出大吼。此時我聽到自己的嗓音在耳邊悄聲說道：「接下挑戰，否則你會永遠後悔不曉得後果為何。留下

你的氣味。」我緩緩站起身。我和米歇爾四目相交，接著我抬起右臂，指向他的胸口，然後指回我的胸膛。然後我轉身走向大泥坑。村民們陷入瘋狂。

Some people look for an excuse to DO.
Others look for an excuse NOT to.

有些人找理由行動。其他人找理由不行動。

我一直是摔角迷。我從小就看世界摔角娛樂（WWF/World Wrestling Entertainment），以三兄弟中年紀最小的身分捍衛自己時，也有足夠的反擊技巧，但這情況完全不同。我處在非洲鄉間的中心，離最近的電話線有九十五英哩，在一處大泥坑中站在一個體格強壯的非洲人面前，對方還穿了麻布袋當褲子。有什麼規則？你能出擊、啃咬、一直打到一人勝出嗎？我不曉得，但很快就會知道了。

米歇爾和我面對面站好，村長則繞著我們走。當米歇爾將右臂伸到我的左臀，並抓緊我的短褲時，我感到脖子後頭流下一滴冷汗，接著他注視我的雙眼，並點了頭。我認為這代表自己也該照做，因此我也抓住他繫了繩索的左側腰部。接著他抓住我右側腰部的短褲布料，我也模仿他的動作。我們的臉只離彼此有幾英吋遠，群眾的分貝再度高漲，米歇爾低下前額，將它靠在我脖子下方、鎖骨上方的柔軟部位，並用力皺起眉頭。我也照做。我們倆的手臂都抓住對方的腰部，前額貼在對方的肩帶上，耳朵緊貼彼此，我們開始讓雙腳遠離對方，擺出

與彼此交叉的水平肘撐姿勢，接著將我們的雙腳插入沙中，以便支撐身體。我只能看到兩條如樹幹般粗壯的大腿在我面前鼓脹著，還準備好發動攻擊。酋長如同施行洗禮般地將雙手放在我們頭上，並迅速抬起雙手，喊道：「塔特！」我猜中這句話代表「開始」。

第一回合。我們頭靠頭地繞了幾圈，估算對方的力氣，然後米歇爾把我抬起來靠向自己，讓我的胸腔對著他的臉，接著用全身將我摔到地上，讓我完全喘不過氣來。他得了一分。當他迅速跨上來，試圖壓制我時，群眾便發出嚎叫。我仰躺著，試圖躲避他的手，接著我將臀部往上甩，用右腿繞過他的頭，再伸到他的下顎底下，將他的頭壓回泥濘中。我得了一分。三到四分鐘內，我們環繞彼此，極力翻滾，再把彼此摔回地面，但我們倆都無法壓制對方。最後，酋長走到我們之間，中止了戰鬥。滴著汗的我感到換氣過度，並把雙手舉到頭頂，試圖喘氣。血液從我的脖子上流下，和在摩擦中被扯下的鬍子碎屑混在一起，我的膝蓋與腳踝也在流血。幾乎沒流汗的米歇爾，挺直身子往下看我，他看起來並不開心。此時酋長往天空舉起兩根手指，群眾則變得更加歇斯底里。

我們再度在摔角圈中面對面擺好姿勢。手放在臀部上，頭部緊貼對方，耳朵對著耳朵，我們將雙腳插入泥濘中，並讓洗禮儀式再度開始：「塔特！」

第二回合。我在德州老家的摔角優勢，一直都是我強壯的雙腿與屁股。在非洲的大泥坑中對抗米歇爾時，我則明白了自己已經不在德州。這次更為粗野的米歇爾立刻出擊。我閃過了他的第一波攻勢，並將他面朝下地推到地上；

我從背後跨到他身上，並用上童年時最喜歡的世界摔角娛樂招式的

● MDM on Austin Statesman movie critic ~~Christianalogus~~ "a cynical deconstructionalist who uses big words and careless innuendos to impress himself. Because he has no point of view, he has trouble recognizing one, so he chooses to stroke himself into dorkdom."

✳ how about 2 camels on Locopolotas?

✦ RELIGION : to bind together again... (the true Latin definition. "re" -again", "ligare"-b

§ don't act like one, be one ... on acting, travelling

✝ the capacity for paradox is the measure of spiritual strength and the surest sign of maturity. (R. Johnson "own shadow" p. 78). both are true.

✝ while contradiction is static and unproductive, paradox makes room for grace and mystery... j.k. livin, 8 lane highways, maxims as bookends. (no "g" on livin)

⬍ we are the inheritors of two myths that surfaced in the 12th century.
   i) The Grail Myth - the relationship of individuality and the spiritual quest.
        (mdm on experiences and autonomy.)
   2) Tristan & Iseult - the power of romantic love. (R. Johnson)

✛ language rich in verbs are most powerful. (the mandorla, motion, the river, life
   language built on nouns is weak. (secular, polar, self-righteous
   if you rely on adjectives and adverbs you have lost your way (luxury, semantics
   THE VERB IS THE HOLY GROUND, THE PLACE OF THE MANDORLA   (R. Johnson)

◉ ←"mandorla" - it unifies opposites.. binds together ... religion. where light and dark tou
                 - the middle ... peacemaking ..

𝔈 - heaven ⟩ poetry that "this" is "that".. heaven is earth.
   'earth

• Norby has a mandorla on his ass. before he know what to call it.
• MATTHEW 6:22 "if thy eye be single, thy whole body shall be filled with light."
• i am vain, already thinking how to use these truths autonomously.. to tatoo, to impress, to activate... before i have slept on their enlightenment or even turned the page, but i like it.

• Mandorlas have no place for remorse or guilt. It asks for conscious work not self-indulgence.
• guilt is a cheap substitute for paradox.
• guilt is arrogant. It means we have taken sides and are sure we are right.
• to lose the power of confrontation is to lose one's chance at unity. To miss the mandorla

the <u>blackmarket</u> is what i deal with.. just get in with the best MAVERICKS ~ the gov't does not work "with" these people. The wealth is not shared with the common folk. so individuals must be entrepreneurs and you get "offered" everything ... at dinner, at every tour, # exchange, ferry ride, everywhere ... it is the "wild wild east" ~ salesmen at every turn. it is part of the fun.

• CD "Adama Yalomba" ~ new Malian band.

TIPS for travel ~ season, outskirts, guide

the MANDORLA is not the greyness of neutrality and compromise; it is the place of the peacock's tail and rainbows. (R. Johnson)
grace, mystery

the Mandorla experience is brief. (signs, serendipity, epiphany, deja vu, truth ....) and joyful. it is only a momentary glimpse ... then we quickly return to the world of ego-shadow confrontation. (there is no cultural utopia to return to... There is only a religious mandorla to try and maintain on the inside ... why it takes work ... daily... and work to become the truths that are revealed from the travels alone and solitude.

in Djenne at Issa's newly married friends house. All the guys are hanging out from 8:00AM to 8pm for one week after the marriage. One guy is in charge of the married guy and one girlfriend for the lady. A week to relax and have fun, celebrate the marriage and happiness so that if/when at later date when there is a hard time and unhappiness, the friends will be there to <u>remind</u> the couple of the happy time.

in the middle of all the socializing, smokin, cardplayin, tea makin good time, if somebody wants to kneel on the mat and pray, all they have to do is "wave off" whoever may be on the mat. The others carry on just as enthusiastically as before

反轉技：波士頓蟹式固定（Boston Crab）[*]。

　　正當我以為自己讓他感到疲憊時，他卻不知怎麼地把我從背上甩開，接下來我則被夾在他樹幹般的雙腿間，大口喘著氣。眼冒金星的我努力扭轉臀部，放開他扣緊的腳踝。由於米歇爾的雙腿依然纏在我的腰間，我勉強爬起身，他的雙臂則將他從地面撐起。我扭動並轉動身體，直到自己感到他沾滿汗水的雙腿失去壓力，並從我腹部滑下。這是我的機會。由於他的死亡緊握已經放鬆，我便將他的雙腿往下壓，從他的擠迫力中滑出，並鑽到他上頭，用左臂環住他的脖子，並

<hr />

[*]　波士頓蟹式固定是種職業摔角固定技，摔角手將對方臉朝下壓，並把對手的雙腿往上拉，使對手的背部和雙腿被往後扳，方向朝向自己的頭。在我的狀況中，我把米歇爾的頭往上扳，讓他的背部和頭往後彎向他的雙腿。上頭的照片示範了反轉式的波士頓蟹式固定。

努力扣住他的頭部。我無法扣緊他的頭，但依然維持著握力，我繼續和他在泥地上纏在一起，直到我們倆都筋疲力盡，陷入膠著。此時酋長插手中止了比賽。我們緩緩站起身，酋長則護送我們到大泥坑中央，接著帶著勝利感，把我們倆的的手抬向天空。群眾發出尖叫。

我們倆全身大汗又耗盡了精力，但只有我全身沾滿血汗，米歇爾和我以賽後眼神瞄著對方，接著他低下目光，並突然跑出格鬥圈，還衝到村外去。全村的人現在已加入觀眾群，對我喊出「達歐達！達歐達！達歐達！」的歡呼。

所有浪子都曾是忠實信徒，所有忠實信徒都曾是浪子。

那晚，我獨自躺在稻草床席上，倒在位於非洲馬利共和國中的多貢人村落貝格尼馬托裡的泥屋屋頂上，盯著天空，數下二十九顆劃過天空的流星。我睜著眼作夢，看著南十字星中的星群首度出現在我面前。就像我在前往亞馬遜河的祕魯小徑上看到的閃爍蝴蝶群，我又進入了另一股真相的懷抱。這是天賜的跡象，確實是透過外星傳輸而來的宇宙知識。是星際暗示？比較像是上帝直接傳達的詔令，我則是祂教會中的天選之人。我發誓：「記好這點。」

一切都是因為我追逐了春夢。

綠燈。

當我開始飄入和緩的夢境時，我平靜的呼吸聲被自己堵塞的鼻腔打斷了。我坐起身，把一大坨鼻涕擤入口中，接著準備好那一大坨黏稠痰液吐到屋頂外頭。

啪啦！

吐出去的痰液只從我口中飛出五英吋多，接著如同迴力鏢般彈回來，讓生蠔般的鼻涕球整個打在我臉上。

我忘了先前在頭頂裝了蚊帳。

太令人難以置信了。

沒什麼比對自己的臉吐痰更容易讓自己回到現實了。

相信這點。

難以置信 (un·be·live·a·ble)

形容詞

無法相信；不可能屬實；

狀況極端到難以相信；超乎常理

無法相信。

眞是個愚蠢的字。這是個粗魯又毫無敬意的字眼。我們認爲自己用這字來吹捧與恭維：「眞是齣令人難以置信的戲劇。」「眞是部令人難以置信的電影。」「眞是股令人難以置信的勇敢行爲。」「眞是個令人難以置信的夕陽。」「眞是段令人難以置信的假期。」

我們爲何會用這種反義詞來形容驚人的美好事物，和確實增長我們信念的東西呢？特別、非凡、傑出、極佳的事物，最不可能令人難以置信。

令人訝異、壯麗、不同凡響和非凡呢？對。事情剛發生了，你見證了一切，你辦到了，相信吧。難以置信？恰好相反。給驚人事物更多敬意吧。

有個人駕駛自殺飛機撞上世貿中心，新冠病毒出現，颶風肆虐，火災蔓延，安隆公司是場騙局（譯注：Enron Corporation，該能源公司於二○○一年爆發美國史上最大的破產案），政府欺騙我們，最好的朋友對我們撒謊，我們對自己說謊，未婚妻說「我願意」，我們的孩子說了他人生中第一句話，某天我們發現了癌症解藥，我們平靜離世。這令人難以置信嗎？不。事情剛發生了，你也見證了一切，你辦到了，相信這點。

承認偉大現象、完美與傑出、喜悅與痛苦的存在。將它們視爲眞實事物，同時美好又可怕，悲傷又宛如天賜。別對令人訝異的正面事物或好運抱持天眞態度，也別受到人類爲惡的能力所欺騙。別無視於自然界的美好與災難傳達出的眞實性。上帝或大自然不會做出難以置信的事，而人類身上恆常不變的特性，便是身爲人類。

別這麼訝異，難以置信的事隨時都在發生，有時它是上天的禮物，有時則是臉上的一口痰。別否定它。仰賴它，期待它。

相信它。

隔天早上，我打包行囊，向新朋友們道別，接著踏上十五英哩的路程，前往下一座村落。有個人站在貝格尼馬托的邊界等我；是米歇爾。當我走近時，他一句話也沒說，便溫和地讓我握住他的手掌，並和我走了十五英哩到下一個村落，途中都牽著我的手。當我們抵達時，他放開我，並沉默地轉身，獨自走十五英哩回到貝格尼馬托。

　　那天晚上，我對以薩說：「我得和你談談昨天的摔角賽。我做得如何？我想我做得還行。」

　　以薩笑出聲來，並說：「不不不，達歐達。你做得非常好。每個人都認為米歇爾在十秒內就會打倒名叫達歐達的強壯白人！」

　　「真的嗎？」我問。

　　「對，真的。米歇爾不只是這座村莊的冠軍，米歇爾是這座村莊和後頭三座村莊的冠軍！」

　　「哈！所以我贏了？所以後來全村的人才唱我的名字？」

　　　　　「這與輸贏無關，重要的是你接受了挑戰。」

　　以薩說，一面看著我並露出微笑。「當你行動時，就已經贏了。」

　　「以後回來，達歐達，我們可以賺錢。」

　　我確實有回去。五年後。米歇爾有了四個孩子，臀部當時還受了傷，因此我們沒有再度摔角，但隔天他依然牽著我的手，陪我走十五英哩的路到下一個村莊。濕屁，我留下了自己的氣味＊。

＊ 二〇一五年，以薩首度來到美國，並和我們住了三週。去年我們一起去希臘度假。

理所當然的公義

要徹底欣賞一個地方，人就必須知道自己能住在該地。

當所有的不適感都消失後，人就讓自己受到該地所有。

他需要為了自己造訪的地方，改變自己並進行在地化，

讓他知道自己能永遠住在當地。

只有在那時候，他才能真正離開。

無論你在哪，用理所當然的公義對待它。

綠燈。

　　我重獲新生般地回到洛杉磯，精神感覺比之前更清晰，想法也更實際了。我給自己的春夢和它引導我見到的人們理所當然的公義，也得到良好的反饋。待了鮮少使用英語、大多只能比手畫腳的二十二天後，讓我得到了孤獨卻又充滿團體性的體驗，讓我感到前所未有的自在，心中的火花也復燃了。由於我對冗長虛榮的忍受度高不了多少，我清楚重新回到節奏快速又充滿特權的好萊塢生活，將會是一場挑戰。我對短暫又反覆無常的城市生活再也提不起興趣，也準備好搬離馬爾蒙莊園酒店。但在我找到新住所前，就接到了一通電話。打來的人是派特，他捎來了一項亮麗的邀約，隨之而來的肯定是令人熟悉的狂歡嬉鬧。

「嘿，小弟，我們去拉金塔渡假村（La Quinta Resort）的棕櫚泉（Palm Springs）打高爾夫球吧。我訂了兩晚的房間，我星期四下午可以去載你，我們週五和週六打球，星期天我再送你去洛杉磯，費用我出。」

過去幾個月來，派特都付錢給一家投注公司，幫他在大學美式足球賽中挑選贏家，而他的錢也花得恰到好處。他的投注公司最近以二十七比二讓分，派特則打鐵趁熱。當派特在任何層面鴻運當頭時，我總是感到很開心，因為整體看來，比起我和我們的哥哥公雞而言，他的運氣差多了。一九八八年，派特在一場可怕車禍中失去了他第一任與唯一一任妻子蘿瑞（Lori），在那之後的二十七年裡，他從未允許自己愛上另外一名女性，或接受對方的愛意，除了他的狗尼曼（Neiman）與茉莉（Mollie）以外。如公雞所說：「要不是派特，我們就不會了解努力的意義，也無法同情經歷艱苦時光的人們。」派特教會了我們原諒。因此他是我的幸運符。

那週四晚上八點，恰好在日落後，我們拉下車窗，音響中大聲放出波士頓合唱團（Boston）的〈不只是感覺〉（More Than a Feeling），把派特沾滿灰塵又滿佈凹痕的道奇公羊皮卡車（Ramcharger）開進拉金塔渡假村。穿著西裝的行李員與經理在那裏招呼我們。

「晚安，先生們，歡迎來到拉金塔渡假村，你們的旅途還好嗎？」

戴著頭巾、穿著無袖上衣和一雙拖鞋的我，走出副駕駛座門口，並說：「很棒，你們好嗎？」大廳中迴盪著大狗的吠聲。

經理的目光轉向聲音的來源。派特的卡車車廂中載了他的狗，那是條興奮的一百四十磅重黑色拉不拉多犬，名叫尼曼，她正猛烈地來回踱步，急著要上廁所。

「嗯，非常好，先生…非常好。」他們說。

當我輕鬆地走到卡車後頭去拿我們的行李與球桿時，經理與行李員都和我保持著一段距離。

「請問，你們打算讓這條狗和你們待在一起嗎？」經理問。

「是呀。」我說。

「這個嘛，先生…我們，呃，狗不能進來渡假村。」

我取下我們的高爾夫球桿，並毫不結巴地說：「噢…這是我哥的導盲犬。」

我故意大聲說出這句話，這樣剛走出駕駛座的派特才會聽得見。派特彷彿早已排練過，一面將左臂舉到面前，看起來在摸索卡車邊緣，在摸到後才讓自己穩穩地站直。

「等一下，派特，你可以嗎？」我問。

眼睛半瞇的派特用另一隻手抓著卡車邊緣，以便穩住自己，然後說：「對呀，老弟，我沒事。我們到了嗎？」

經理因難為情而微微垂下下巴，接著他望向我，表情讓我確信他完全沒想到我瞎眼的哥哥不可能開車。既然我冷靜無比的絕地武士心靈控制術（譯注：電影《星際大戰》中控制人心的超能力）成功了，我就將尼曼繫上繩索，讓她下車，並帶她走到派特旁。

「尼曼來了，派特。」我說，派特則完美地演出放鬆的盲人，因為他現在有可靠的導盲犬指引。

「你還好嗎？」我問。

派特接著盡力模仿了《雨人》（Rain Man）中的達斯汀‧霍夫曼（Dustin Hoffman），並說：「派特很好，牽好尼曼了。」我覺得這不太合理，因為他假裝的是盲人，不是自閉症患者，但我繼續配合他。

經理與行李員把我們的行李搬上推車。「這裡請，麥康納先生」他們

說，並帶我們到房間去。尼曼的演技沒和我哥與我一樣好。與其帶領派特，她反而左右拉扯他，在視線所及的每株灌木與賓士輪胎旁撒尿。

「往前直走四十步。」我對派特說，他則沒有針對任何人地回答：「四十步，好，四十步。」

經理與行李員現在態度非常貼心，也對稍早自己質問導盲犬的行為感到難堪，他們護送我們到房間，並打開門，將行李推進去，並恭敬有禮地確保尼曼和派特安全進入房間。尼曼立刻開始撞倒家具，跳到床上，並在窗戶上流口水。

「我們到了，派特！接下來兩天我們都要待在這裡！」我說，不明就裡地提高音量，彷彿派特的聽力也有問題。

「好，好，我們就待在這！」派特用同樣的分貝說，他依然像史提夫·汪達（譯注：Stevie Wonder，美國盲人歌手）瞇著眼並左右擺頭。

經理與行李員準備走出房門。「希望你們喜歡這間房！我們很感謝你們入住！」他說。接著，他也拉高了自己的音量。「我們希望你們住得愉快，如果你們有任何需要，請讓我們知道！」

「好，謝謝你。派特！跟這些好心人說謝謝！」

派特點頭。「謝謝你們，好心人，謝謝你們。」他更使勁模仿雷蒙·巴比特（譯注：Raymond Babbitt，達斯汀·霍夫曼在《雨人》中的角色）。

當他們關上門時，派特和我發出哄堂大笑。「謝謝喔，尼曼，妳差點害死我們！」

隔天早上，派特和我在早上八點零九分的打球時間，抵達球座。我先開球，接著我盲眼的哥哥派特往球道中央打出了三百碼的距離。

派特負責駕駛，我們跳上高爾夫球車，準備開往林克思球場（譯注：links，指沙丘或地面起伏的草原類型高爾夫球場）；此時，飯店經理和一名保全人員趕到我們身邊。

經理很有自信地逮到我們撒謊，但依然盡全力維持專業態度，並說：「早安，兩位，呃…那條狗呢？」他望向我，接著看著派特。我們盯著他，彷彿他問了個修辭問題。

「怎麼了？」我說。

「我以為你說他是你們的導盲犬？」

我想：「糟了。我們被逮到了。」

這時，冷靜的派特毫不猶豫地對經理語帶歉意地說：「噢對，我只有晚上看不見。」

經理露出瞠目結舌的表情，保全看起來則相當訝異。我們踩下油門，並開車去打那周末兩場比賽中的第一場。

打了整周末的高爾夫球後，視力復原的派特載我回到馬爾蒙莊園酒店。

我前往馬利的旅程讓我急於跟上大自然的節奏，於是我把自己的皮褲、靴子、雷鳥牌機車，換成泳褲、拖鞋、衝浪板。該去新地址追逐夏日了，太平洋才該是我的後院，而不是日落大道。

我直接住在海灘上。

我在海灘上慢跑，和哈德小姐在海灘上丟飛盤。我在太平洋中游泳，我學會了衝浪。

我很少穿衣服。

我拍了更多電影：《絕配冤家》（How to Lose a Guy in 10 Days）、《愛的迷你奇蹟》（Tiptoes）、《撒哈拉》（Sahara）、《賴家王老五》（Failure to Launch）、《希望不滅》（We Are Marshall）。

浪漫喜劇成了我唯一持續的熱賣作品，也讓它們成為我唯一持續接到的片約。由於這類電影的中型成本，與主角們之間的化學反應，使它們在票房上得到極大成功。對我個人而言，我喜歡讓人們得到九十分鐘的輕鬆浪漫時光，能夠藉此擺脫他們生活中的壓力，使他們不必思考任何事物，只需要看男孩追女孩，在途中失敗，接著重新振作並得到她的芳心。我接下了休·葛蘭（Hugh Grant）的位子，也順其自然演出。

在八卦小報、業界、大眾評論中，我成了上身赤裸、呆在海灘上的肥皂劇男角。這成了一種現象。我的身材也很好。

the workout scale

健身表

「從醒來到鐵人三項」

醒來：對某些人而言，這樣就夠了。

喝一杯水：喝水健康，這樣很好。

拉屎：早晨的腸胃蠕動讓你的屁股感覺舒服點，眼神也變得更清澈，你何必需要別的事？

洗盤子：這是勞動，也算數。

排好行程：你不需要實際健身，只需要計畫，那也夠了。

自慰：這也是勞動，也能清理槍管，並使你的觀點變得清晰。

剪頭髮：這比較像是零售療程，能壞我們覺得看起來比較好看，因此體態也比較好。

買瘦身鏡：買一面和高檔流行服飾店裡一樣的鏡子。這是假象，不過，當我們在鏡中看起來比較瘦時，在現實中也會變瘦。

曬黑：和剪頭髮與瘦身鏡一樣，但它確實會讓自己減輕六磅。

請不要給我美乃滋：「請不要給我美乃滋，我在節食。」

不要加薯條：和上面一樣，這可能很困難。「我要大麥克和大杯可樂，但不要薯條，我在節食。」

少一杯啤酒：「我今天只喝了十八瓶啤酒，親愛的，我通常都喝完一整箱。我在注意體重。」

蒸氣：從體外產生汗水的非主動方式。

用筷子取代叉子：你一口吃下的食物量比較少，這對消化比較好，也讓你更快產生飽足感。

性：最原始的運動。它從體內激發汗水，並改善感情關係，讓我們的另一半以更憐愛的眼光看我們，心理上也會使我們感到自己變得更好看。

臀部運動與增強式訓練：當你可以只服用一點類固醇，然後開車上下班途中在駕駛座上做增強式訓練的話，何必去健身房呢？

照顧小孩：你永遠不會坐下，總是在追趕小孩，特別是當你有兩個以上的孩子時。

走樓梯：別再搭電梯了。

跳舞：這可能是我在清單上最喜歡的事。它是有氧運動，有伸展性，也有趣。我希望有更多人常跳舞。

走路：不要騎馬。

彼拉提斯：強度低，對伸展性與核心力氣很棒。

瑜珈：緊湊又放鬆。也算是心理冥想。

慢跑：心跳率低，但跑一段距離後就能消耗不少脂肪。

跑步：高強度，高心跳率。

健身房：我們為全身所準備的單程停靠站，而且那裡通常有許多瘦身鏡。

教練：現在你要認真點了。找人來揮鞭子，這樣你才不會偷懶。

馬拉松：高強度，長距離，你得把一天中的一長段時間花在這上頭。

鐵人三項：跑步，騎單車，游泳。對力量、速度、敏捷性而言，這是最全面的運動。

Me, I was a daily wake up, take a deuce, get a tan doing yoga on the beach runner who drank a lot of water and danced all night.

How about you?

我呢，我是個跑者，每天起床，拉了屎，邊在沙灘上做瑜珈邊曬黑，也喝了很多水，並整晚跳舞。

你呢？

我從來不因針對我與自己作品的持續批判而感到心煩。我喜歡拍浪漫喜劇，它們換來的支票也讓我能租下海灘上的房屋，使我能在海灘上上身赤裸地奔跑。我對這種無可避免性產生了相對感，而來自勞動階級的鄉下男孩不可能譴責他人給自己的機會，無論這些機會的類型有多固定。

　　不過，儘管我很享受生活中自行出現的輕鬆時光，卻對一些事物感到不安。一，浪漫喜劇對我而言不再是挑戰了。我覺得自己可以當天讀劇本，隔天就演出。二，我開始覺得像個綜藝人物，而不是演員。我問自己：那有什麼錯？我有良好的喜劇時機，也有肯定式幽默感和幻覺式樂觀。我盡可能在陰柔的肥皂劇男性角色中維持著陽剛氣息，也成功給了觀眾他們想看的東西。

　　但是，我覺得比起表演，自己更像在裝模作樣；只是演出角色，而不是做自己。十五年前相當個人化的創造性表現方式，越來越難滋養我的心靈了。演戲變得像是滿足生計，卻不知盡頭為何，而如果對我而言這就是演戲，那我就不確定自己想繼續演下去了。

我擅長自己所愛事物，我不愛自己所有擅長的事物。

　　我從旅行中得到的內在成長比從職業中得到的還多。我喜歡銷售、

教育、音樂、運動。我考慮過改行，或許開始寫短篇故事與遊記，踏入廣告業，或成為老師、音樂家、或美式足球教練。我不曉得該怎麼做。

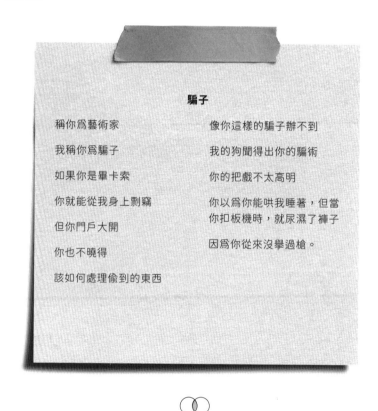

騙子

稱你為藝術家

我稱你為騙子

如果你是畢卡索

你就能從我身上剽竊

但你門戶大開

你也不曉得

該如何處理偷到的東西

像你這樣的騙子辦不到

我的狗聞得出你的騙術

你的把戲不太高明

你以為你能哄我睡著，但當你扣板機時，就尿濕了褲子

因為你從來沒舉過槍。

再度感到不安的我，需要一點進化。我需要力爭上游，改變路徑，並在人生中感到某種躍升感。但要如何辦到呢？我再次改變地址。我在好萊塢崗（Hollywood Hills）上買了座房子，院子大到能讓我重新觸及土壤，也有足夠的房間供五口之家住。

改頭換面

已故的德州大學美式足球隊偉大教練達洛·羅亞爾(Darrell Royal)是我的朋友,也是許多人的好友。大家都很尊敬他。其中一人是位音樂家,我在此叫他賴瑞。賴瑞處於鄉村音樂事業的巔峰,出過冠軍暢銷曲,人生也一帆風順。從某個期間開始,他染上了吸「白粉」的習慣,而在某場特定宴會中上過廁所後,賴瑞走向他的導師達洛,並開始告訴教練一個故事。教練像平常一樣傾聽,而當賴瑞講完故事,正準備走開時,羅亞爾教練把一隻手溫和地放在他肩上,並低調地說:「賴瑞,你鼻子上有東西。」賴瑞連忙跑到廁所鏡子前,發現臉上還有些他沒清掉的白粉。他感到羞愧又丟臉。有部分是因為他覺得這對羅亞爾教練很不尊重,但主要是由於他明顯用藥用得太放鬆了,完全沒仔細遮掩。

隔天賴瑞去教練家按了門鈴。教練應了門,賴瑞則說:「教練,我得和你談談。」達洛讓他進門。

賴瑞坦承了一切。他向教練坦承了罪惡。他告訴教練自己有多難堪,以及自己如何在名利之中失去了自我。一小時後,滿臉淚水的賴瑞向教練問:「你認為我該怎麼做?」

沉默寡言的教練言簡意賅地說:「賴瑞,我在人生中從來不嫌改頭換面累。」賴瑞當天就戒了毒,到現在也持續了四十六年。

偉大的領袖並非永遠待在前線。

他們也知道要跟隨誰。

GREAT LEADERS ARE NOT ALWAYS IN FRONT.

THEY ALSO KNOW WHO TO FOLLOW.

你曾在生活中深陷泥沼嗎?卡在由壞習慣構成的旋轉馬車上?我有過。我們都會犯錯;承認它們,做出補償,並繼續生活。罪惡感與悔意會提早扼殺許多人的生命。離開它們。你是自己人生的作者。改頭換面吧。

第6章　　part six

箭矢不找目標，目標吸引箭矢

THE ARROW DOESN'T SEEK THE TARGET, THE TARGET DRAWS THE ARROW

二○○五年三月

我在一生中見過許多很棒的女人，也與她們度過一些時間，或認真交往過；我與她們之中很多人到現在都還是朋友，但最後她們都只是暫時停靠站，而非永久避風港。在我三十歲中旬時，我找尋的是終生的愛人，最好的朋友，與未來的母親。我想找的意義更深，我在找那個人，我在找那個她。

接著我又做了一個夢。對，是春夢。

不對，不是那個春夢，這是新的。

我再度感到平靜，這次坐在我只有一樓的木造鄉村住家前廊中的搖椅上。在我身處的加高式開放前廊外的三座階梯外，有塊沒有路肩的馬蹄鐵型泥土車道。兩英畝大的綠色聖奧古斯丁（St. Augustine）草皮看起來健康又未受修剪。在遠方的樹林中，靠近車道入口的位置，有許多雪佛蘭薩博班（Suburban）、荒原路華（Range Rover）、林肯探索者（Navigator）、旅行車開始以儀典般的行進方式接近房

屋。每台汽車的駕駛座上都有個女人，每台車後座則載了四個小孩，小孩們在停車時都興奮地向我揮手，兩只輪胎停在聖奧古斯丁草皮上，兩只則停在泥路上。每個女人看起來都平靜又滿意。每個小孩都大聲笑鬧，體態非常健康。我們與彼此都很熟悉。

二十二台車。

二十二個女人。

八十八個小孩。

女人們不是來看和她們結過婚的男人，她們是來見自己愛的男人，與她們孩子們的父親。孩子們則來見他們的父親。

我。

所有人都來慶祝我的八十八歲生日，生命中每一年都有個孩子出生。

每個人都非常開心，很想慶祝我的生日，並與彼此見面。每個母親和我都享有恬靜的回憶，孩子們則靠在我的大腿上。我們擁抱並親吻，歡笑並互相逗弄，也流下喜悅的淚水。他們全到前廊上聚在我身邊拍全家福，我們則望向車道頂端一台三角架上的大型箱型攝影機。三！二！一！

接著我高潮了。

在那場夢中，我從未結過婚。我是個八十歲的單身漢。而這點，在當時對我的人生而言是場噩夢。

但在那場夢中並非如此。不，這是場美麗的夢。這場夢告訴我一切都很好。它讓我知道自己沒事。

這場夢提醒了我，我一生中最想當的角色就是父親。夢境也使我明白，如果我從未碰上真命天女並結婚，也沒有關係。

我可以有小孩。

我可以成為父親。

我可以成為八十八歲的單身漢，受到二十二個微笑的母親與八十八

個快樂健康又興奮揮手的孩童圍繞；我愛她們，她們也愛我。

關於終生單身的紅燈景象出現在我的綠燈春夢中。這是個靈性徵兆，是要我投降的訊息，要我停止試圖故意找到適合自己的完美女性，而是該接受自己找到她、她找到我、或沒有對象的天擇過程。

於是我停止找她。

接著，她出現了。

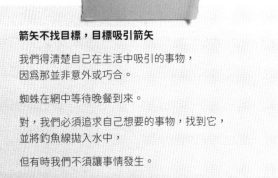

箭矢不找目標，目標吸引箭矢

我們得清楚自己在生活中吸引的事物，
因為那並非意外或巧合。

蜘蛛在網中等待晚餐到來。

對，我們必須追求自己想要的事物，找到它，
並將釣魚線拋入水中，

但有時我們不須讓事情發生。

我們的靈魂擁有無盡的吸引力。

二〇〇五年七月，我在日落大道上的海德俱樂部（Hyde Club）中的主桌主宰全場，親手調製世上最棒的瑪格莉特調酒，這時我看到了她。

一件纖細柔軟的絲質綠松色洋裝套在焦糖色雙肩上，人影從右到左飄進了霓虹燈光黯淡又迷濛的房間中。

她沒有帶來任何東西。

她沒有離開任何地方。

她抵抗了引力，前往她想去的方向，我則想待在她前往的地方。她

的頭髮並不短。她的腳有碰到地面嗎？我無法確定。如我所說，房間裡光線暗淡又迷濛。

她營造了一股形象與定義；

頑皮與基本。

年輕又擁有過去。

居家而充滿世界感。

單純又狡猾。

心情開朗又易怒。

她是馬子，也是女王。

她不是處女，但也不開放租用。

未來的母親。

她不炫耀任何東西。毫無必要。她清楚自己的高下與身分，也完全接受這一切。這是她自身的特色。是一種自然法則。也是專有名詞。無可避免。

那⋯是⋯什麼？當我從座位起身時，這樣對自己說，她的引力則不斷拉扯著我。當她在一張紅色天鵝絨休閒椅上的兩個女人旁坐下時，我的注意力完全鎖定在她身上。我無法吸引她的目光，於是我舉起右臂並開始揮手，試圖得到她的關注，此時我聽到左耳傳來一股嗓音。

「這不是你該在吧台另一邊揮手搭訕的女人。給我站起來，年輕人，去介紹自己。」那是我媽的嗓音。該帶點相對態度了。

我走到長椅旁，這女子正談話到一半。她抬起頭。

「嗨，我是馬修。」我說，一面伸手想老實地握手。

我看得出她認出我了，但她依然端坐著，沒打算推銷自己，也不會輕易感到佩服。

「我是卡蜜拉（Camila）。」她回答，一面抬起右手，態度堅定卻又輕鬆地和我握手。

我停止呼吸。

「妳…和妳兩位朋友想過來我們那桌嗎？我可以幫你們調很棒的瑪格麗特。」

她望向她朋友們。

「抱歉。」她說，接著獨自站起身，讓我護送她過去。即便她離開了朋友，我也立刻看得出，如果我不曾表現出紳士風度並邀請她們全部一起過去，她根本不可能來我這桌。

我調了自己調過最棒的瑪格麗特。我的西班牙語比以前說得都還好。

她會說葡萄牙語。我從來沒比那晚還更懂葡萄牙語，之後也沒有。

拉丁系語言的節奏似乎很適合當下氛圍。離我們在桌邊耳鬢私語、展開第一場交談後，已經過了二十分鐘，此時——

「麥康納！車子到前面了，走吧！」我的朋友在音樂中大聲嚷嚷。店家要關門了，當時是凌晨兩點。

「給我五分鐘！」我說，往朋友的臉伸出張開的手掌，但目光完全沒離開她的臉。

「妳要到我家喝一杯嗎？」我問她。「我和兄弟們要在睡前喝一杯。」

「不，謝了，今晚不用，謝謝。」她溫和地說。

該死。

我陪她走到車邊，但讓她驚訝的是，她的車不在原本的停放處。

「它本來在這裡呀!?」她說，一面站在俱樂部旁加油站空蕩的停車場中。

「妳在找白色的林肯飛行家（Aviator）嗎？」聽到我們對話的加油站員工問道。

「對，沒錯。」

「它被拖吊走了，這個停車點只供加油站使用。」他說。

「好啦，來我家喝一杯。」我說。「然後我就要司機載妳回家。」

「好吧。」她終於說道。

我們搭上等待中的休旅車，我兩個朋友則移到第三排座位去。

凌晨三點。我家。

「謝謝你的酒，我該走了。」她說。

我送她去找在車道上等待的司機，但由於某種理由，並沒有司機在車道上等。

我假裝很擔心。

「什麼？他跑哪去了？」我說。「太誇張了，我幫妳叫計程車，抱歉。」

好萊塢崗這一帶幾乎沒有手機訊號，但我有室內電話，於是我打給三家計程車公司，結果你猜怎麼著？沒有人接電話或有司機可派。

「妳可以用樓上的客房。」

由於已經過了凌晨四點，也沒有交通工具可搭，她就默許了。

當晚我偷跑到客房去看她兩次。

兩次我都被趕了出去。

隔天早上，我在十一點左右起床。當我步下螺旋梯，走到導向廚房的前廳時，就聽見人們的談話聲與笑聲。那種交互出現的對話與幽默感只會出現在對彼此感到相當舒適的人們之間。聽起來像是老朋友們。

當我走進廚房時，她就在裏頭，背對著我，坐在烹飪區裡的中央吧台坐凳上，焦糖色的雙肩上套著同樣的綠松色洋裝。她主宰了全場。我的管家將鬆餅遞給她和我兩個赤裸上半身的朋友，他們正對她不到一小時前說的故事中的影射咯咯發笑。

他們不只聽起來像老朋友，看上去也像老朋友。她沒有幼稚地展現出隔日一早的虛偽誠懇，也不急著衝出自己並未打算待過夜的房子，不，她只流露出和善的優雅與自信。

我打給讓她的車遭到拖吊的加油站，並找出車子的下落。離拖吊場

有一小時的車程。我堅持載她過去。在路上，我將自己最喜歡的其中一張 CD 放入播放器中，歌手是一名叫做米須卡（Mishka）的雷鬼歌手，當時我正在製作他的專輯。*

我開車。我們聽著音樂。連續播放了兩三首歌後，我們倆一句話也沒說。我們都不覺得需要開口說話。我們都不急於填補沉默的空檔。沉默並不會令人尷尬，它反而是段黃金時刻。

我們抵達了拖吊場，雙方都希望它遠在佛羅里達。分開前，我向她要了手機號碼。她把手伸進皮包，拿出一張皺巴巴的螺旋裝訂筆記本紙頁，並寫下號碼。

我打算和她吻別。她轉過頭，但距離不夠遠，使我依然能親到她左側嘴角旁四分之一英吋的位置。

我問她那天晚上想不想出來。

「想。」她說。「但我不行。今晚是我爸生日。」

「明天晚上呢？」

「打電話給我。」

我開走時向她揮手；她也對我揮手。

九年前亞馬遜河上那條美人魚看到了我。接著她游入大西洋的深邃水域，繞過合恩角，往上游進太平洋，最後在好萊塢登陸，並來到位於日落大道上的一家俱樂部，我則認出了她綠松色的輪廓與焦糖色的雙肩，她游過房內，並鑽進了我的心中。

十五年後，她依然是我唯一想約會、共眠、與起床時看到的女人。

綠燈。

* 我在千禧年初首度聽到米須卡的歌，並立刻愛上他的音樂。五年後我在加勒比海找到他，而我們很快就計畫一起製作音樂，於是我成立了繼續生活唱片公司(j.k. livin Record)，也和他製作了幾張專輯。

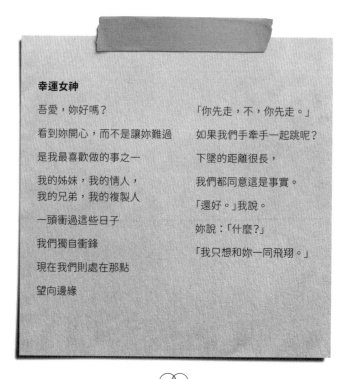

幸運女神

吾愛，妳好嗎？

看到妳開心，而不是讓妳難過

是我最喜歡做的事之一

我的姊妹，我的情人，
我的兄弟，我的複製人

一頭衝過這些日子

我們獨自衝鋒

現在我們則處在那點

望向邊緣

「你先走，不，你先走。」

如果我們手牽手一起跳呢？

下墜的距離很長，

我們都同意這是事實。

「還好。」我說。

妳說：「什麼？」

「我只想和妳一同飛翔。」

　　當我在澳洲拍攝電影《傻愛成金》（Fool's Gold）時，卡蜜拉和我已經交往了一年左右。直到當時，我總是孤身前往工作，並獨自住在片場上，但這個女人在我生命中是截然不同的特殊存在。在我拍片的三個月裡，我要她來澳洲，和我在道格拉斯港（Port Douglas）租的兩房海灘住宅中同居。住在那時，我不想遠離她。我喜歡和她同住的點子。我邀請了她。

　　「你確定嗎？」她問。

　　「對，我確定。」

　　「你・確・定・嗎？」

　　「對，我確定。」

「好吧，這樣的話，我需要幾個東西。我需要自己的臥房，自己的浴室，和自己的鑰匙。」

「沒問題。」

她來了。她住了下來。她沒有睡在另一間臥房中，很少使用另一間浴室，也鮮少需要用另一把鑰匙。但她依然擁有它們，那也是在我們關係的當下階段裡，她自己的獨立性和我們的獨立性中的重要部分。無論你使不使用那些東西，取得那些資產都是明智之舉。

兩個月後，由於新年即將到來，我在巴布亞紐幾內亞找到了一處可以住六天的衝浪別墅。樹屋，叢林，衝浪，探險。

我們整天衝浪、游泳、潛水、攀登雨林、探索市集、拜訪當地部落。我們住在叢林邊緣的單房樹屋中，沒有電力，但我們也不需要。一切狂野，美麗，又神奇。

第四天下午，做完愛後，我們坐在書屋的前廊上，望著所羅門海（Solomon Sea）上的夕陽，在去海灘上幾百碼外的酒館和當地人喝酒前，先喝第一杯雞尾酒。

我戀愛了。

「如果我失去妳，該怎麼辦？」我說。

當我說這句話時，我轉頭用眼角看她，她右手中的酒杯正往嘴巴移動到一半，她也準備啜飲一口。她的手移動地無比優雅，從未顫動，從未遲疑，流暢地飄移過去，彷彿她從未聽到那問題。

酒杯碰觸到她的雙唇，她則愉快地輕啜一口，雙眼依然望向夕陽。接著，她放鬆又滿意地吞下酒液，並緩緩將酒杯放回椅子木製靠腕上的環型支架。

「那很簡單呀。」她說，一面把頭轉向我。

我的心跳加速。她的目光和我的眼神交會。

「改變吧。」她說。

綠燈。

當我們從澳洲回國時，卡蜜拉就從紐約搬到西岸來。我的好萊塢崗住家對兩名情人而言是個理想的家，但它是我的，而無須贅述的是，我們倆都清楚自己想要有嶄新起點，與共同打造生活的機會。我們倆搬到馬里布海灘休旅車公園（Malibu Beach RV park），並住在我二十八英呎長的空流牌拖車「獨木舟」中。我們決定將未來貢獻給彼此，也討論了孩子的事，並迅速決定她不再避孕。

「只有一個條件。」她說。「當你去工作時，我們全都得去。」＊

「沒問題。」我說。

＊　過去十二年來，卡蜜拉和孩子們總是和我共同前往拍戲地點，並住在一起。

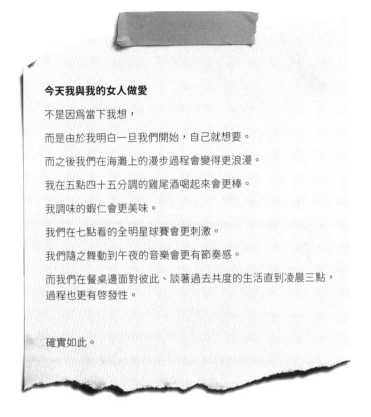

今天我與我的女人做愛

不是因為當下我想，

而是由於我明白一旦我們開始，自己就想要。

而之後我們在海灘上的漫步過程會變得更浪漫。

我在五點四十五分調的雞尾酒喝起來會更棒。

我調味的蝦仁會更美味。

我們在七點看的全明星球賽會更刺激。

我們隨之舞動到午夜的音樂會更有節奏感。

而我們在餐桌邊面對彼此、談著過去共度的生活直到凌晨三點，
過程也更有啓發性。

確實如此。

　　有好幾個月，我們在「獨木舟」上一百八十八平方英呎的空間中嘗試，但沒有成功，因此我們忘了嘗試，單純享受做的樂趣。

　　幾個月後，某天晚上我在七點左右回到家，她則和往常一樣給了我擁抱、親吻，與微笑。那晚的吻有一點濕。

　　她遞給我一杯準備好的雙份龍舌蘭加冰。我踢掉拖鞋，並在長沙發上坐下。我最喜歡的味道之一從上頭的爐子飄出來：自製的起司堡。

　　「怎麼了？這簡直是人間天堂。」

　　「對，沒錯。」她說，接著她在我身旁坐下，並遞給我一只用綠松石串繩包起來的小木盒。

我把它打開。裏頭有張相片。我看不出那是什麼,因此把頭靠近看清楚點。

我的臉頰上開始流下喜悅的淚水。我望向她。她也流下相同的淚水。那張照片是超音波照。她懷孕了。

我們哭泣,我們大笑,我們跳舞。

我一生中最想當的角色就是父親。

對我而言,人父身分代表男人在人生中成功了。長大過程中,我對我爸和他朋友們說「是,先生」和「不,先生」,因為他們是父親。人父身分,是我一生中最敬重的事,也是我最佩服的事,現在則成了即將與我更有關的事。當我父親過世時,我感受到的成年感,在當我成為父親時有了全新的重要性。

是,先生。

綠燈。

晚間十點左右,我們打給我媽分享這件消息。當時是德州時間的午夜。

「媽?是我和卡蜜拉。我們有重要消息要告訴妳,我們開了擴音。」

「太好了,我喜歡好消息。嗨,卡蜜拉!」

「嗨,麥康納太太!」

「媽?」

「怎麼了?」

「卡蜜拉和我做了個寶寶。她懷孕了。」

沉默。

更長的沉默。

「媽？妳在嗎？」

「不…不！不！不不不！馬修！！這不合傳統！不，不，不，不，不不不！馬修！我從小教你，生小孩前要先結婚！和誰都一樣！不！！！這全錯了，噢不，馬修，這不是好消息。」

卡蜜拉和我望向彼此，面面相覷。我把手伸向電話，企圖關掉擴音器，讓卡蜜拉免於羞辱。接著我想，不對，最好讓她全盤了解我媽。

「天啊，媽。我以為妳會很開心。我和卡蜜拉都很高興。」

「啊，我不高興！這全錯了，馬修。我不是這樣教你的，對不起，卡蜜拉，但我沒有這樣教兒子。我一點都不高興。」她說。

接著她掛掉電話。

卡蜜拉和我承受著衝擊，喜悅的淚水因震驚而乾涸。

「該死。」卡蜜拉說。

「真該死。」我回答。

我們往後靠到沙發上，慢下自己的呼吸。

卡蜜拉又倒了杯酒給我。我沒有啜飲，而是喝了一大口。

幾分鐘後，我的電話響了起來。是媽。我們惹出了什麼麻煩？我接起電話。

「媽？」

「對，你開擴音了嗎？卡蜜拉，妳聽得見我說話嗎？」

「可以，麥康納太太，我在這。」

「怎麼了，媽？」

「這個嘛…我想修正剛剛的對話。我明白自己很自私。我不需要同意事情的先後順序，但我不該批判它們。只要你們開心，我就為你們感到開心…好嗎？」

我盯著電話並搖頭。

印象

我們都遇過那些人；他們出現在我們的眼角視野中，在神奇的時刻中出現在對街，看起來充滿吸引力，甚至宛如男神或女神。他們移動的方式，光線照在他們身上的樣子，都會激發崇敬與敬畏。印象。

接著我們仔細一看。該死。令人失望。從遠處看很棒，但事實並非如此。

有些人永遠不會比第一印象更吸引人，從遠處看來，在那種光線下，在當下那一刻，以我們看到他們的方式，當下我們的希望達到最高峰，同時也滿懷希望。他們看起來永遠不會比模糊的首度一瞥中更好。印象。廣角拍攝。

某些關係在廣角下維持得比較好。比印象中看起來更棒。

就像岳父母。最好和他們在假期見面就好。

就像鄰居。因此我們有牆和圍籬。

就像那場在同居後瓦解的遠距離戀曲。

就像通常只延續到八月的夏日愛情。

就像那名成爲情人的朋友，現在你則想念朋友時期的對方。

就像我們身爲騙子時的自己。

從遠處看它們，效果就好多了。見面頻率不高。親密度也不高。

有時我們需要更多空間。

這是浪漫故事，這是想像。

距離代表調情與眨眼，它輕佻又神秘，也是幻想。它是長期蜜月，因爲我們無法看清它，無法確定它的本質，更不了解它。

它是個麻煩。它是種脫節事物。它沒有連結。它相當公開。它毫不在意。它沒有痛苦。它可供租用。

我們因此喜歡它，因爲有時光線黯淡反而比較好。

鏡子

我們都遇過那些人；當我們與他們四目相交時，當他們站在我們面前時，在光天化日下，看起來充滿令人訝異的吸引力，甚至像是男神或女神。他們移動的方式，光線照在他們身上的樣子，都會激發崇敬與敬畏。定義。

接著我們靠近一看。哇。我們大喜過望。近看很好，近看更棒。

我們越常看某些人，他們就變得越有吸引力，也讓我們產生更深刻的印象；我們越靠近看，在那種光線下，在當下那一刻，以我們看到他們的方式，當下我們的希望達到最高峰，同時也滿懷希望。定義。特寫鏡頭。

有些關係最好維持在聚焦關係下。有更多印象，就有定義。

就像照片讓你提不起興趣的女人，在現實中反而讓你富有好感。

就像我們的孩子。

就像我們的配偶。

就像最好的朋友。

就像上帝。

就像踏實又真誠的我們。

近看他們感覺更好，見面頻率更高，親密度也更高。

有時我們需要靠近點。

這是愛，這是明確。

親近代表共同度過的寂靜時刻，共享的痛苦，眼中的美麗與誠實。它千真萬確。它是現實。它是持續不斷的關係，因為我們能看見它，我們對它感到確定，也清楚它。

它是做愛。它是連結。它是相處。它很私密。它讓我們付出代價。它讓我們感到痛苦。我們擁有它。

我們也喜歡它這種方式，因為有時它在燈光下比較好。

Impressions in the Mirror

鏡中印象

「修正好啦，麥康納太太！」卡蜜拉說，一面憋笑。

「太棒了，因為大家都應該有悔改機會！我愛你們，再見。」

說完後，她就掛掉電話。

當卡蜜拉懷孕六個月時，我接到從自己位於加州威尼斯的製片公司打來的電話。號碼掩飾了來電人姓名，我則向電話伸出手。

我的手在半空中停下。

我不想接電話。從我製片公司打來的電話。我從一九九六年開始就支付了該公司的房租與職員薪水。

我沒有接電話。我反而打給自己的律師凱文·莫里斯（Kevin Morris）。

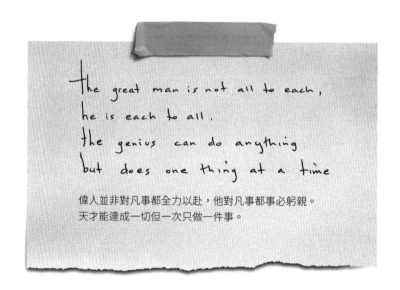

偉人並非對凡事都全力以赴，他對凡事都事必躬親。
天才能達成一切但一次只做一件事。

「我要立刻關閉製片公司。明天我會打給大家，讓他們知道這件事。我要給他們豐厚的資遣費。也關掉繼續生活唱片公司。」

該清理門戶了。消去過程。

我每天有五件必要事務：家庭、基金會、演戲、製片公司、音樂品牌。我覺得在這五者中，自己只拿到 B 的成績。關掉製片公司與音樂品牌後，我消去了五項計畫中的兩項，以便讓其他三者得到 A。

我告訴我的律師說，我想照顧自己的家庭和基金會，並當個演員。

簡化，專注，保存自己以便達到自由。

好，好，好。

二〇〇八年七月七日，在待產三天並進行緊急剖腹後，卡蜜拉生下了一個七英磅八盎司重的小男孩。

我們事前不曉得孩子的性別，這是能親自感受到的最佳驚喜之一。我們想好了給女生的名字，但我們則為男生的名字想了一條又長又有趣的清單。

「馬修。」「男子漢。」「混合曲。」「冰屋。」「先生。」「公民。」「利未。」

你懂的，都是普通的名字。

卡蜜拉偏好「馬修」。我呢，則很擔心「二世」的狀況，和「與知名父親同名」的問題，但現在我們沒有考量名字，反而忙著微笑，大笑，哭泣，與關愛。

大約在生產一小時半後，一名護士就走進來，遞給我一份要填的正式文件。上頭寫：

二○○八年七月七日晚間六點二十二分，

_____（名字）出生。

第六章第二十二節。那是我最喜歡的聖經字句：

如果你的眼睛雪亮，全身便光明。
——《馬太福音》第六章第二十二節

圓光。

矛盾而非相斥。

聯合而非摩擦。

所有色彩活躍的地點。

白光。

第三隻眼。

數十年來，第六章第二十二節一直給予我靈性指引，我在二○○○年甚至在馬利雇了兩名多貢土著幫我把它刻在卡蜜拉和我的臥房門上。

使徒「馬修」在世上其他地區也被稱為「利未」。同樣的人。不同的名字。

它出自《利未記》（Leviticus），那是關於律法與儀式的聖經第三卷。

利未人（Levitical）。漂浮（Levitated）。利未。《馬太福音》第六章第二十二節。

於是，利未‧艾維斯‧麥康納（Levi Alves McConaughey）出生於二○○八年七月七日晚間六點二十二分。他的中間名艾維斯出自卡

蜜拉的婚前姓氏。

綠燈 ⓫

　　正當我見到新生命時，一場近乎致命的家庭危機無預警地在老家發生，我則趕回奧斯汀和我媽與哥哥們待在一起。卡蜜拉與利未幾週後來找我，我們則在我媽居住的退休社區中租了間小住家，睡在充氣床墊上。

　　我不清楚所有退休社區的情況，但這社區太酷了。一群老人自主過活，不需要任何人事物給予他們生活的意義。彷彿他們一邁入老年，就再度成為革命份子或無政府主義者。他們和孩童一樣。

　　他們是敬愛上帝的愛國美國人，擁有狂放的幽默感，毫不裝模作樣，也缺乏政治正確性想法。他們嘲弄一切，也喜歡被嘲弄。他們也喜歡好好聊天，並自動給予對方人生建議。

男人永遠不會比第一個小孩出生後還更陽剛。那並非魯莽。而是陽剛。在第一個孩子出生後，新任父親的頭腦、心胸、膽量都將變得前所未見地緊密連結。他的五感調整到同樣的頻率，直覺也相當敏銳；接下來六個月中，他應該深信自己任何直覺：無論是關於個人、財務、靈性、或事業方面。他應該相信自己能明白一切，也清楚自己能預知未來，因為這是他人生中第一次為生命而活，生命也為他而活。

押下賭注，並大獲全勝。

「當我看你的電影時，你看起來總是很開心，馬修，那就是生活的意義，繼續好好過吧。」

「一生中最棒的成就就是你的孩子們，馬修，所以生一窩孩子吧，也要記好，孫子更棒，自己帶起來也比較不費勁。」

受到長輩環繞時，你會想起自己身為凡人，同時自覺年輕許多。你見到他們的身體無法照內心的想法行動，內心也遺忘了自己該記得的事物，但他們對此毫不感到哀傷。他們有固定行程，也乖乖照做：上健身房，停下來喝晚間的雞尾酒，在教會唱詩班中唱歌，並報名參加所有可參與的活動。

「保持活躍並維持社交生活，馬修，那就是長壽的秘訣。」

某天晚上在娛樂中心玩過賓果後，在我們回到租屋處路上時，卡蜜拉和我在紅燈前停下。

「你想搬回德州，不是嗎？」她無預警地問道。

我想過這件事。或許是因為生活態度，人們施加在常識上的價值觀，和當你在前院打棒球時，有台車停下來看，裡頭載的是好心的鄰居，而不是狗仔。或許是因為即便發生危機，也沒人會做出反應。或許是因為媽已經七十幾歲了，而以美式足球的數學邏輯來看，那已經算是第四局了，而一年能見她兩次以上似乎是個謹慎的想法。答案是，卡蜜拉與我才剛組成家庭，我則想讓孩子們擁有以上的一切。

我轉頭直視她的目光。

「對呀。」

她深吸一口氣，帶著狡猾的微笑左右點頭。「你這混蛋。」接著她望了一眼坐在我們身後嬰兒座椅上的小利末。

「放手做吧。」

燈光轉綠。我踩下油門。

LIFE. LIKE ARCHITECTURE. IS A VERB.
IF DESIGNED WELL. IT WORKS. IT'S BEAUTIFUL. AND
IT NEEDS NO DIRECTIONS. IT NEEDS MAINTENANCE.

生命。就像建築物。它是種動詞。
如果設計良好。它就會生效。它很美。它不需要方向。它需要維護。

處理完讓我回到德州的家族難題後，卡蜜拉、利末、我買下並搬進一棟位於奧斯汀郊區的住家，地點靠近河邊。

佔地九英畝，有座湧泉水井，還有一張包含了位於河邊、能作為船庫的土地地契，賣家忘了將這塊地列在清單上。有很多空間能養幾條狗，扶養一家人，並讓我在不會干擾鄰居的狀況下裸體打康加鼓。

如同我父親的早逝使我成為真男人，家庭意外與人父身分使我更深刻地重新考量自己的人生，與我在其中的身分。特別是我在事業中的角色。死亡，家庭危機，與新生兒（生命的結束，試圖維繫生命，與迎接新生命）；這三件事會震懾你的立場，讓你的觀點變得清晰，讓你想起自己身為凡人，也因此給了你勇氣，讓你能更努力地生活，變得更強壯也更踏實。這三件事會讓你自問：

「什麼才重要？」

這三件事讓你了解：

「全部都重要。」

我是個成功的演員、名人、電影明星。我不需要擔心生計或房租問題，但我的事業方向與演出的角色和電影，已無法再讓我感到滿足。我對浪漫喜劇角色與他們居住的世界感到無趣，因此我有段時間都了無趣味地上床，並心懷怨懟地醒來。

我的生活很充實。狂野。危險。必要。重要。活躍。身為我人生中的主角，而不是我在電影中扮演的人物時，我笑得更大聲，哭得更用

面對死亡與新生帶來的命運時

我們發覺自己身爲人與神。

我們相信自己的選擇帶有意義，

一切並非空穴來風，

凡事皆有意義。

力,愛得更猛,恨得更深,並感受得更多。我了解如果狀況得變得不平衡,那麼不可或缺的存在感便比不可或缺的事業還重要,但我想要參與至少能挑戰我生活頻率的故事,並演出至少能挑戰我自身生命力的角色。

我在找的角色和故事是什麼?有哪些作品能和我的生活競爭?它們沒有出現,而我也不喜歡手上的角色。該是改變,改革,並做出新承諾的時候了。不要再更動地址,並只希望天氣會變化。這次,由於有更多值得為之生活的事物,該破釜沉舟,並且變得自私,看看自己能在缺乏哪種東西的情況下活著了。

該做出真正的犧牲了。再說,卡蜜拉又懷孕了。

IT'S NOT A RISK UNLESS YOU CAN LOSE THE FIGHT

除非你會輸,不然就不算冒險。

第7章　part seven

勇敢攻頂

BE BRAVE,
TAKE THE HILL

二○○八年秋季

　　面對任何危機時，從颶風卡崔娜（Hurricane Katrina)到家庭事故，到我們得在人生中做出的深奧選擇中，我發現要有個好計畫，首先得認清問題，然後穩住狀況，計畫反應，接著行動。當我明白身為演員的自己需要更多後，我就認清了問題。該扭轉局勢並穩住我的狀況了。

　　我打給我的基金經理布蘭恩‧盧爾德（Blaine Lourd），並問他在我沒有工作的情況下，還能維持目前的生活多久。

　　「你存的錢很夠，就做你該做的事吧。」

　　我打給我的經紀人提姆‧托斯（Jim Toth），並告訴他我想停止參演浪漫喜劇，想找能挑戰我的戲劇作品。

　　「沒問題。」他迅速回答。

　　「你說『沒問題』是什麼意思？」我問。「過去十年來，我的浪漫喜劇為你的經紀公司荷包賺進了優渥的百分之十利潤。如果你週一和老闆們開會時說：『麥康納不演浪漫喜劇了』，你想他們會怎麼說？」

「我不為他們工作，麥康納先生，我為你工作。」

好傢伙。

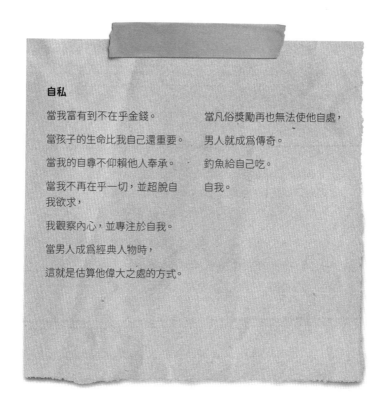

自私

當我富有到不在乎金錢。

當孩子的生命比我自己還重要。

當我的自尊不仰賴他人奉承。

當我不再在乎一切，並超脫自我欲求，

我觀察內心，並專注於自我。

當男人成為經典人物時，

這就是估算他偉大之處的方式。

當凡俗獎勵再也無法使他自處，

男人就成為傳奇。

釣魚給自己吃。

自我。

我下的賭注帶有風險。如果你在好萊塢跳過太多片約，片商可能就不再詢問你了。如果你做得太過頭，背棄了讓你成功的方向，業界也可能背棄你。他們不在意看到你沒上車，因為還有很多人想坐你的位子。這與私人恩怨無關，只是公事公辦。

當我告訴卡蜜拉這項決定時，我幾乎哭濕了地板。我們大哭。我們禱告。我們做了個承諾。

「狀況一定會有陣子不太好，親愛的。」她說。「天知道會持續多久。一定會很艱困。我知道你會很煩躁，也會舉棋不定，還會喝更多酒，但是⋯如果我們要這樣做，如果我們要投入這股改變，那我們就要一路進行下去。不要當半吊子。好嗎？」

就像我爸多年前和我說的一樣。

「好。」

身處十字路口，而非身陷災難時，我知道自己的存在矛盾會帶來代價，金錢代價是肯定的，但情緒上的代價則更為龐大。不清楚自己是否與何時能脫離困境所帶來的疲勞感，將成為一股試煉。由於我告訴我過去近二十年的情人好萊塢說：「我依然愛你，但我們得分開一下，我寧可自在獨處，也不要因相處而受苦」，因此我陷入了進退兩難的困境。我買了前往「有事再通知」的單程票。我準備好面對最糟狀況，同時希望最好的情況出現。

once you know it's black,
it's not near as dark.

當你知道它是黑色後，
它就不那麼暗了。

假日即將到來，我也很期待和家人共度這段時光。我和家人相處越久，就越不會想到自己遠離的事業，也更容易想起自己的出身。

每年聖誕節，我們都會去我哥哥位於西德州的牧場同聚。每個人都會讓卡車和休旅車擠滿孩子與狗，接著前往牧場，我們則會在那與彼此聊天、喝酒、共餐和說謊。在那幾天裡，我們攀上崎嶇的西德州地帶、獵鹿、騎馬、餵牛、看電視上的球賽，最後則在夜晚中的營火旁，講述新的故事，並重講老故事，直到深夜。儘管我們在宗教背景下長大，但除了在二十五日開禮物外，這些家族聚會鮮少包含聖誕節儀式。

全家人不會坐下來共享晚餐，也不會朗讀聖經，我們只會花整整五天和每個人聚在一起，享用牛肉和屁話，沒有宵禁，自由選擇要不要沖澡，並喝酒以記得一切，而非遺忘。

如果有人太過趾高氣昂或垂頭喪氣（照媽的說法而言），其他家人就會把他們拉回現實，直到他們求饒，然後我們再拉對方一把，並倒

杯酒給他們。等我們離開時，很少有人落淚，但大家都會得到百分之
百的諒解，因為如我哥哥公雞所說：「如果我們做的一切都對，我們
就永遠不會曉得什麼是錯的。」

　　我經常是被他們打磨銳氣的人，但今年沒有；不，我家人清楚我正
經歷難熬的時期。他們反而想知道，我到底為何要拒絕正常工作和高
額支票，但他們看得出我下了決心，我家人也總是尊重誠懇的信念，
也就是我目前抱持的信心。

　　聖誕節過後幾天，公雞、派特、我搭著派特紅褐色的運貨卡車在牧
場附近繞，一邊喝啤酒時，當時依然為公雞擔任油管業務員的派特，
決定打電話到他的語音信箱，看看自己有沒有在聖誕假期間錯過哪些
生意上的訊息。派特使用了二十四小時全天候虛擬總機服務，你可以
輸入自己的身分證號碼，它們就會把你沒接到的訊息傳送過來。他撥
了一八○○號碼。

　　「我是八一二，你好。」他說。

　　「好，八一二，等我一下…」

　　十秒過去了。

　　「呃，先生。那個帳號似乎沒有啟用。」

　　「『沒有啟用』是什麼意思？」

　　「我是說它被停用了，先生。」

　　「但那是妳給我的身分證號碼，用來讓我打來查訊息用的。」

　　「我懂，先生，但系統說帳戶八一二已經停用…兩年了。」

　　開始發火的派特立刻踩下剎車，跳出卡車，並開始對電話另一頭大吼。

　　「妳說停用兩年是什麼意思？妳知道我因為沒接到打來向我買管線
的客戶電話，損失了幾百萬美金嗎？他們甚至沒辦法留言給我，因為
妳把我的帳戶關了！！我要告死妳！我要抓妳上法院！我的帳戶被停

用兩年,這都是妳的錯!」

「呃…先生,我只是接電話並把人們連到帳戶的人,而先生,你的帳戶沒有啟用。」

「我才不管妳說什麼,因為妳在兩年內沒收我的訊息,導致我至少可能損失了一千萬美金!是一千萬美金呀,小姐!所以我要告妳!」

她掛掉電話。派特繼續鬼吼鬼叫。

「不准掛電話,妳聽到了嗎?這是妳欠我的!」

派特最後關上摺疊手機,踢了塵土一腳,接著轉向見證了整場鬧劇的我和公雞。

「你們相信那種鬼話嗎?他們把我的帳戶關了兩年,他媽的兩年耶!我要告那些人害我損失一千萬美金!有必要的話,我就告上最高法院!」

此時公雞問了派特一個對方沒考量過的問題。

「小弟,如果法官在法庭上發現你根本不曉得帳戶被停用,因為你在兩年內都沒打電話去檢查訊息的話,你覺得他會說什麼?」

結案。

我猜我家族裡每個人都喜歡告人,我們只是不太會挑能打贏的案件。

隔天,卡蜜拉、利末、我得提前結束假日晚會,並回家處理一件更有時間敏感性的事。

IF WE ALL MADE SENSE OF HUMOR THE DEFAULT
EMOTION, WE'D ALL GET ALONG BETTER.

如果我們把幽默感當作正常情緒的話,大家就會處得更好了。

　　我相信試圖在交往關係中維持蜜月般的甜蜜氛圍，是個無從成真的幻想。更糟的是，這對試圖維持關係的兩名情人而言很不公平。那像是個燃燒得太快的一百二十五瓦燈泡。如果我們總是將它們裝在同一個燈座上的話，就沒有燈泡能撐下去了。同樣的，當我們只將情人視為超人類時，我們在他們眼中的倒影，就會使我們在他們眼中也成為超人類。因此我們倆變得都能供租用，因為我們倆都無法取得。

　　蜜月和好萊塢一樣，是一部動畫片。它超脫凡俗，也不是我們離開戲院時該期待看到的現實。

　　我們居住的地方。人類生活的世界。我們的祕密、傷疤、恐懼、希望、失敗所處的地點。這是發生在曲終人散後的一切。真愛會在乎、傷害、理解、墜落、並重新崛起。儘管它並不輕鬆，但我們至少可以老實嘗試。

　　如果我想要妳當神力女超人，而妳把我視為超能先生時，二十瓦燈泡的光線並不足夠。

　　一百瓦的蜜月燈泡超越了人類。

　　它天生如此。

　　它是開始、第一次、出生。因此它被稱為蜜月，而不是婚姻。它無法被取得，也無法受到維繫。

　　直到你有了女兒。

　　二〇一〇年一月三日，薇妲‧艾維斯‧麥康納（Vida Alves McConaughey）出生了。

　　這是唯一會永遠延續下去的蜜月。

綠燈

define success
for yourself

爲你自己定義成功

有一天，我去紐奧良南部的一家巫毒小店。它有成排的「魔法」藥水瓶，上頭的標籤說明它們能賦予你的效果：生育力、健康、家庭、法律協助、能量、原諒、金錢。

猜猜哪排藥賣完了？金錢。對，金錢是當今的至尊貨幣。金錢就是成功。我們擁有越多錢，就越成功，對嗎？

卽便是我們的文化價值觀都被財務化了。人性不再流行，它太被動了。我們能透過網路詐欺迅速致富；對凡事一竅不通，但如果我們自稱是萬事通就算數；因性愛影片而出名；獲取財富、名氣、階級、權力，甚至是尊敬，同時卻完全不需爲任何有價值的事物維持一丁點競爭力。這種事每天都會發生。

我們都想成功。我們該問的問題是：對我們而言，成功是什麼？更多金錢？好。健康的家庭？快樂的婚姻？幫助他人？成名？擁有良好的靈魂？表達自我？創造藝術？留下比以前更棒的世界？

「成功對我而言是什麼？」繼續問你自己這個問題。你會如何致富？你有什麼重要性？你的答案也許會隨時間改變，那也沒關係，但幫自己一個忙：無論你的答案是什麼，別選擇任何會危害你靈魂的事物。將自我身分和你想成爲的角色列爲優先，別花時間在危急你品格的事情上。別相信甜飲料。今天它可能當紅又甜美，但明天就會讓你蛀牙。

生命並不是人氣度比賽。勇敢點，攻上山頂，但先回答問題：「我的山是什麼？」

一年過去了。

我收到數十部浪漫喜劇的出演邀約。我只收到浪漫喜劇的邀約。出於敬意，我會讀完邀請，但我維持目標，遵照計畫，最後也謝絕了邀約。我當時到底有多拘謹？

我得到了一份工作兩個月的五百萬美金邀約。我看完劇本。我拒絕了。

接著他們願意給我八百萬美金。不。

他們隨即開出一千萬美金。不，謝謝你。

然後是一千兩百五十萬美金。這次不行，但…謝謝。

接著是一千四百五十萬美金。

嗯…讓我讀看看。

你知道嗎？那是個比較好的劇本。比較好笑，更戲劇化，和我只收到五百萬美金邀約時看過的第一份劇本比起來，這是個整體品質更高的劇本。這是同樣的劇本，內容的文字也相同，但比起前幾篇要好多了。

我拒絕了邀請。

如果我無法做自己想做的事，我就不會做自己不想做的事，無論價碼多高都一樣。

TRUTH'S LIKE A JALAPEÑO,
THE CLOSER TO THE ROOT THE HOTTER IT GETS.

真相就像墨西哥辣椒，越靠近根部就越辣。

幽默感幫助我適應了當下情況，身邊還有位堅強的女性讓我站穩腳步，還有個幼子和剛出生的女兒讓我保持忙碌。他們共同幫助我探索了自己引發的好萊塢中斷期。我繼續強化自己的信念，相信自己的堅持只是種延遲的滿足感，而今天的節制，是種能在明日為我帶來投資報酬率的投資，而我的內心抗議則會將剩餘利潤送給未來的自我靈魂，如同華倫·巴菲特（Warren Buffett）的說法，我在冬天買了草帽。但在沒有工作的情況下遠離聚光燈，已經造成了壓力。

為了自我存在意義，我總是需要工作。十八年來，我很榮幸地對演戲和拍片上癮，而現在一少了它，我對工作的依賴則催生出了大量緊張情緒。每次收到浪漫喜劇的邀約，我就不自禁想到能再度工作的機會。我對即刻個人成就的需求，使我對抗起自己總是覺得有權能做的事所帶來的誘惑，同時也得努力爭取讓我的藝術與事業更像我與我自己的生活。

又過了十個月。

業界、片商老闆、製作人、導演、選角經紀人等人，都明顯懂了我的意思，因為現在什麼邀約都沒出現。沒有浪漫喜劇，什麼都沒有。連一個邀約也沒有。任何類型的作品都沒有。

整整二十個月過去，我則拒絕了所有曾為我打響招牌的邀約：

浪漫喜劇男主角。不。

海灘上的上裸男子。不，奧斯汀沒有海灘或狗仔。

二十個月來，我沒有給大眾或業界他們要求我給他們的東西。再也沒有他們期待或自認知道的事物。二十個月來，我從大眾目光中消

自願性義務

當我們還是孩子時，爸媽們教導我們。老師、心靈導師、政府、法律都給了我們探索生命所憑據的指南，並以責任與秩序之名遵守規則。

我說的不是那些義務。我說的是我們對自己盡的義務。你對上你的義務。不是我們承認並賦予自己以外其他人的社會規範與期許；我們將這些基於信念的責任納為己有，用這類責任定義我們的人格結構與個性。

它們是我們心底的秘密、個人協定、我們良心深處的私人意見；而當我們遵守它們時，沒人會頒勳章給我們，或為我們舉辦派對；當我們不守規範時，也不會有人逮捕我們，因為除了我們之外，沒有人知曉這件事。

讓誠實之人安睡的基礎，是他心靈中的平靜，而當我們在夜晚躺下時，無論有誰躺在我們的床上，我們都孤身入睡。自願性義務是我們的個人吉明尼蟋蟀，全世界也沒有足夠警力能管控它們——一切得靠我們自己。

失。我和卡蜜拉一起待在德州，扶養利未與薇妲、種花、寫作、禱告、拜訪老朋友、花時間與家人相處、遠離復發的心態。業界不曉得我在哪，只知道我沒在工作。離開大家的視線後，我也從他們的心中消失。我似乎被遺忘了。

接著，從業界消失近兩年、並對好萊塢發出明確訊息表示自己再也不

是特定人物後，我無預警地忽然成為了某種東西，那是個全新的好點子。

　　無名性與陌生度造就了創造力。找馬修·麥康納演出《下流正義》（The Lincoln Lawyer）中的辯護律師現在成了新鮮的想法。找麥康納演出《殺手喬》（Killer Joe）的主角現在成了嶄新的點子。

　　李察·林克雷特找我演《胖尼殺很大》（Bernie）。

　　李·丹尼爾斯（Lee Daniels）來找我拍《性腥聞》（The Paperboy）。

　　傑夫·尼科爾斯（Jeff Nichols）為我編寫了《泥土》。

　　史蒂芬·索德柏（Steven Soderbergh）找我演《舞棍俱樂部》（Magic Mike）。

　　透過說「不」，回答「好」。

　　目標抽出箭矢。

　　由於受到遺忘，我被記得了。

　　我撕下了標籤。

　　我是重新探索的成果，現在則該發明了。

　　我完成了犧牲，也熬過了風暴。

　　好整以暇的我，清楚自己想要什麼，也準備好做出回應。

　　該是我說「好」的時候了，並重新貼上標籤。

　　去他的錢。我要追求體驗。

綠燈。

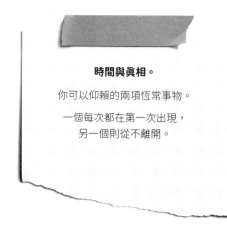

時間與真相。

你可以仰賴的兩項恆常事物。

一個每次都在第一次出現，
另一個則從不離開。

片約大量出現，幾乎和《殺戮時刻》上映後一樣多。差別在於，這次我知道自己想拍哪種角色和故事，我對危險的戲劇表現也產生莫大渴求。卡蜜拉對她的男人開創自己道路這點的渴求，也有了強大影響力。

　　在某個時間點，我收到了《性腥聞》、《舞棍俱樂部》、《泥土》的片約，這三部片我都想拍，但如果我拍了這三部片，時程上便會進行背靠背拍攝（譯注：back to back，意指兩部以上的作品接續進行拍攝，如《魔戒》），讓我在每部片之間只剩下幾週能準備。

　　我記得自己向卡蜜拉說：「我想我得從這三部片裡選兩部拍，這樣我才能有八週來準備那兩部片。」

　　「你三部片都想拍嗎？」她問。

　　「對呀，但行程太擠了，讓我沒辦法照我想的方式準備。」

　　「如果你三部都想拍，那就把皮繃緊一點，大男孩，拍了這三部片，你會成功的。」

　　我照做，也成功了。

　　我在二〇〇七年就讀過《藥命俱樂部》（Dallas Buyers Club）的劇本，也立刻成為飾演主角郎恩・伍德路夫（Ron Woodroof）的演員。再一次，我受到處於社會邊緣的角色所吸引，他是條落水狗，也是法外之徒，為了生存做出一切必要行為。參加製作代表我有劇本控制權，也能試圖拍攝它，也擁有對導演人選的同意權。在我二十個月

的停滯期之間與幾年前，沒有導演或投資人有興趣拍攝關於愛滋病的時代劇，更別提讓浪漫喜劇演員麥康納擔綱主角了。既便在我重塑形象階段的早期，當所謂的「麥康納復興」（McConaissance）＊開始興起時，完全沒人有興趣。許多演員想奪走我的劇本控制權，也有很多導演想找我以外的人拍，但我堅持不放手。

　　接著在二○一二年一月，我的經紀人告訴我，一位名叫尚—馬克・瓦利（Jean-Marc Vallée）的加拿大導演讀了劇本，也有興趣和我見面。我看過他的一部電影《愛瘋狂》（C.R.A.Z.Y.），也喜歡它的各種優點。不傷感的幽默與充滿無政府主義思想的心態，包裹著這位夢想家的人心。這部片也有厲害的配樂，我到現在依然不懂他怎麼靠那麼低的成本辦到這一切。這就是我認為《藥命俱樂部》劇本得拍出的元素。我們在紐約見面，並討論彼此對這部片的熱忱。由於最近拍了《舞棍俱樂部》，我的體格非常好。

　　「這個角色朗恩・伍德路夫得了第四期愛滋病，你要怎麼讓自己看起來像得了病？」他問。

　　「這是我的工作，我也會這樣做。」我告訴他。「這是我對朗恩的責任。」

＊ 你知道是我編造出麥康納復興這個字嗎？就是我想出來的。
二○一三年時，我在日舞影展(Sundance)宣傳《泥土》，當時我接受了 MTV 的訪談。我的事業進行得不錯，我也覺得自己需要一個宣傳口號，一首代表性歌曲，一張保險桿貼紙，但我清楚那點子不能出自我自己。
「你最近很忙呀，麥康納先生。《殺手喬》、《胖尼殺很大》、《舞棍俱樂部》，現在則是《泥土》。恭喜啊。」記者說。
「謝謝你，對呀，我最近過得不錯，前幾天我其實有另一場訪談，記者稱它為『麥康納復興』。」我回答。
「天啊，『麥康納復興』。太棒了，這字眼可能會紅。」確實如此。
之前我從來沒告訴任何人這件事。

一週後，他同意擔任導演。

尚－馬克、製作人蘿比‧布倫納（Robbie Brenner）與瑞秋‧溫特（Rachel Winter）和我計畫在那年十月進行拍攝。由於我當時有一百八十二磅重，因此得減掉不少體重。在我們「同意」的開拍日期五個月前，我開始減輕重量。早上吃三顆蛋白，午餐吃五盎司的魚與一杯蒸蔬菜，晚餐也一樣，並盡可能喝多一點葡萄酒。我一週就像上了發條般瘦了兩磅半。

目標：一百四十五磅

當我一百五十七磅重，並還得減去更多重量時，我接到馬丁‧史柯西斯（Martin Scorsese）的電話，他找我在電影《華爾街之狼》（The Wolf of Wall Street）中進行為期兩天的拍攝，飾演李奧納

多‧狄卡皮歐（Leonardo DiCaprio）的角色喬登‧貝爾福（Jordan Belfort）的經紀人導師馬克‧漢納（Mark Hanna）。記得我提過那些宛如發射台般的台詞嗎？當我讀了劇本，看到馬克‧漢納在股票經紀工作中成功的秘密是古柯鹼與妓女時，我就被說服了。無論他是否異想天開，任何相信那點的人，都值得為他寫本百科全書了。因此我開始編寫台詞。在原本更短的那場戲中，我演出了從瘋狂轉為傑出的重複饒舌橋段，現在的電影中也保留了該片段。

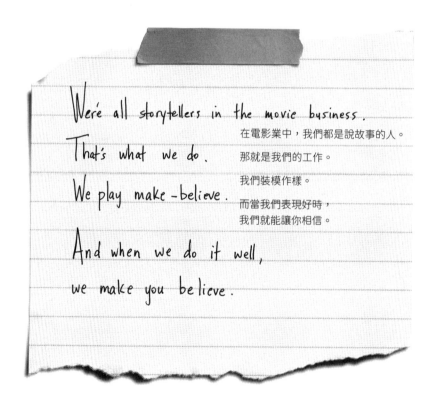

> We're all storytellers in the movie business.
> 在電影業中，我們都是說故事的人。
> That's what we do.
> 那就是我們的工作。
> We play make-believe.
> 我們裝模作樣。
> And when we do it well,
> 而當我們表現好時，
> we make you believe.
> 我們就能讓你相信。

　　史柯西斯讓我自由表演，狄卡皮歐也配合我演出。而那股敲胸哼唱的旋律呢？那是我每次拍攝前都會做的事，讓我保持自己的節奏；李奧納多想出了點子，讓我在那幕戲中做那件事。

　　「我們在秋天開拍。」我會這樣對任何談起《藥命俱樂部》的人與其他人這樣說。

　　和我媽一樣，我不會徵求同意。

　　「沒有拍這部片的經費，馬修。沒·有·電·影。」我的經紀人說。

　　「當然有。」我說。「我們在秋天開拍。」

　　我不會卻步。

　　為了妥善講述那段故事，我繼續減重。從一百八十二磅掉到一百五十磅重後，我的身體越來越虛弱，但我的心智變得更強健。我身體上失去的每英磅，似乎都昇華為同等的心靈敏銳度。像朗恩一樣，我變得充滿臨床性，細心又井然有序，也成了完美主義者。每晚我得少睡三小時，也能喝一瓶紅酒到凌晨兩點，並繼續在沒有鬧鐘的情況下，處理劇本到四點。我熱切地對自己的角色感到投入，我感到一股活力，也愛死了這感覺。缺點是，儘管我的心理遊戲正處在美國職棒世界大賽第七局的投手丘上，極端的體重流失卻似乎使我的性欲降到谷底。

　　編劇克雷格·波頓（Craig Borten）給了我長度超過十小時的錄音帶，其中錄製了朗恩如何打造並經營他不同的愛滋治療藥命俱樂部。我持續聽這些錄音，模仿他的語調與想法，以及充滿自信與脆弱感的時刻。在一段錄音中，他和另一個男性嗓音正與背景中另外兩個女性嗓音交談。他們與彼此談話的方式有種充滿煽動性的性暗示感，我也

看得出他們最近才經歷過性行為。我想：「但怎麼做呢？」朗恩有第四期愛滋病耶？他們不可能…除非他們都有愛滋病。當然了。真有趣，狂野又真實。我拿錄音帶去給尚－馬克聽。

「我們有辦法在電影中拍出這橋段嗎？」我問。

「哇，這有種悲傷和美感。」他說，「但我不曉得要如何詮釋，才能不醜化這橋段。」尚－馬克和我沒有再提這件事，但你之後會發現，他從未忘記這件事。

我開車去見朗恩·伍德路夫的妹妹與女兒，她們的家位於達拉斯外的一處鄉間小鎮。作為她們兄長與父親遺留精神的守護者，她們相當歡迎並信任我。我們看了朗恩和家人的舊錄影帶，度假中的朗恩對鏡頭搔首弄姿，也為萬聖節扮了裝。她們對朗恩的為人相當坦白，也回答了我所有問題。

當我們擁抱彼此並道別時，他妹妹問：「你有興趣看他的日記嗎？他寫了好幾年。」

「如果妳願意讓我們看的話，我很榮幸。」我說。

長達數小時的錄音帶讓我從外部一窺這位男子，日記則使我從內部理解他的為人。這是讓我進入朗恩·伍德路夫靈魂的秘密鑰匙。日記告訴我關於朗恩在寂寞夜晚中的想法；這裡是他和自己分享夢想與畏懼的地方，現在還加上了我。我在日記中找到了他，他在染上愛滋病後的身分，但更重要的是他之前的身分。我記憶中的這個人，會在平日晚上躺在床上哈草，在螺旋裝訂筆記本上塗鴉，寫下像這樣的字句：

「希望我明天接到回電，能去湯姆與貝蒂·威克曼家裝那兩台JVC（譯注：日本勝利株式會社）家用音響。他們住在鎮上另一頭四十二英哩外的地方，所以我想來回得花八塊美金，還得花六

塊美金在我提供的怪物牌音響纜線上,這樣就會在我向他們收的三十八塊音響安裝費中,還能賺到二十四塊。該死!我之後得去索尼克得來速(Sonic)買個雙層起司堡,再和南西調情。」

他隔天會提早起床,把其中一條長褲燙平,穿上短袖襯衫,並把全新的三號電池裝進他的呼叫器中,並啜飲第二杯咖啡,準備好賺當天的二十四塊美金。直到他的呼叫器響了起來,上頭顯示湯姆與貝蒂的號碼。

「我們要取消今天的音響安裝工程,我們找到一家比你便宜、但會保證工作品質的公司,謝了,朗恩。」他的心頭一沉。

「該死。」他寫道。

接著他哈了草,然後仍舊去索尼克得來速。他買了單層起司堡,而不是雙層堡,並與南西‧布蘭肯薛普(Nancy Blankenship)調情,他覺得對方滿可愛的,特別是當她穿著溜冰鞋、帶著餐點溜到他車門旁,並露齒微笑時,口中還有顆褐色的牙齒。

「她是我的幸運十六。」他寫道。

我之後發現,「十六」是他與南西‧布蘭肯薛普三不五時上床時在附近的二星汽車旅館中使用的房間號碼。因此她代表幸運。

朗恩發明了東西,但不願申請專利。他想出了計畫,但那些計畫從未成真。他是個夢想家,也閒不下來。

在此同時,尚-馬克和製作人們繼續選擇演員與製作人員,並在紐奧良找拍片地點。他們沒有徵求同意。他們沒有卻步。不過,拍片確實要花錢,我們也快沒有時間虛張聲勢了。不過我們並沒有虛張聲

勢，我也繼續減輕體重。

　　「我們今年秋季要在紐奧良拍片！開始日期是十月一日！」我們再度對詢問這件事的人和其他人大聲地宣稱。

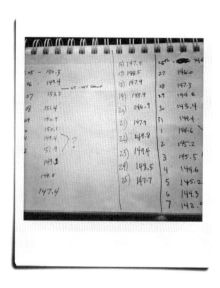

　　終於有人相信了我們，或信任我們，因為對方為這部電影投資了四百九十萬美金。這並非本片目標中的七百萬美金成本，但已足夠讓我們開工了。當我們要在紐奧良開拍的八天前，我接到了尚－馬克打來的電話。

　　「我不曉得要怎麼用四百九十萬美金拍這部片。」他說。「最低的可行成本是七百萬，但如果你第一天就在片場，我也會在第一天到片

場，那我們就一起盡力拍攝。」

我們倆當天都到場了。

「我一直在想你播給我聽的那捲朗恩和小姐們的錄音帶，我有個點子。」拍攝幾週後，尚－馬克對我說。

「在朗恩的生意狀況不錯這幕戲中，如果你待在隔壁的汽車旅館辦公室中，並在前來買愛滋病藥物的隊伍中，看到一個很吸引你的女孩，接著你問秘書說那女孩有沒有愛滋病。

『對，是徹頭徹尾的愛滋病患。』她對你說。

接著我們看到朗恩與這女孩在淋浴間中做愛，彷彿是為了滿足需求與生存。」

「聽起來有美感也真實；你知道要如何不醜化這幕戲嗎？」我問。

「我知道。」他說。

當你看那幕戲時，就曉得為何他明白了。那場戲充滿人性，也令人心碎，同時相當逗趣。當朗恩與那女子在隔壁房做愛時，尚－馬克將鏡頭切到辦公室裡，我們則看見秘書們與客人們聽到他們的聲音，然後有些訝異地面面相覷，臉上帶著散發喜悅與同情的頑皮笑容。尚－馬克透過幽默展現了人性。他不曉得要如何醜化這場景，反而讓它變得美麗。

我們用四百九十萬美金在二十五天內拍了《藥命俱樂部》。

我們沒有徵求同意。

我們沒有卻步。

我們登上山丘。

我瘦到一百三十五磅。

綠燈。

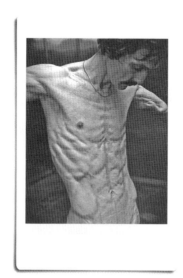

第8章　part eight

體驗你的傳承

LIVE YOUR
LEGACY NOW

二〇一一年十一月七日

「為何媽媽不姓麥康納?」我好問的三歲兒子利未某天問我。

「你是什麼意思?」我問。

「我是利未·麥康納,薇妲是薇妲·艾維斯·麥康納,但媽媽是卡蜜拉·艾維斯。她的姓為什麼和我們不一樣?」

我想了一下。

「因為我們還沒結婚。」

「為什麼不結?」他問。

如果你是父母親,那你就清楚當孩子問某些問題時,一等他們開口,我們就曉得最好給出絕佳答案,因為我們接下來說出的話,會在他們的記憶中留下終生印象。這就是那種狀況。

「好問題…我不想娶你媽媽。我覺得不需要。如果我娶了媽媽,我想要感到自己需要這樣做。我不想因為那是我們該做的事,或只因為我想而做;我想在自己需要時再做。」

「你怕結婚嗎?」他問。

又是那類問題。我很警覺。我的三歲兒子明顯繼承了我的辯論技巧與交叉比對的能力。我又想了一下。

「對,我猜自己有點怕。」

「怕什麼?」

「…怕失去自我。」我說。

隔天我去找我的牧師。

我們談到婚姻的神聖性與跳出我的恐懼。他告訴我婚姻的奧秘,以及當兩個注定在一起的人合而為一時,這場與彼此共同生活冒險並不會削減個人自我,反而會啟發它並使其變得更豐富。當兩個人結婚時,他們會成為共同體,而在婚姻中我們則不會失去另一半自我,而是更徹底成為自己。透過這項與上帝和我們配偶的契約,我們大幅強化了自己的存在性,也成為超脫以往的人物。三個角色:妻子,丈夫,上帝,三位一體,無可分離。1×1=3。這是神祕的乘法。

「這需要勇氣與犧牲。」他說。

接著他挑戰我。「對你而言,哪種風險比較大,馬修?是踏上這趟冒險,還是繼續你當前的旅程?」

激將法。這讓我思考起來。我花了接下來幾週和我的牧師、我哥哥、其他婚姻成功的人談這件事。很快的,我人生中第一次有勇氣不將婚姻視為最後終點,而是全新的冒險,也是正面且誠心的選擇,和我想共度餘生的女人,與我唯一想在八十八歲生日時相處的母親在一起。我第一次將婚姻視為超越自己理應感到有責任執行的宗教性與法律性行

為。娶卡蜜拉成了我需要做的事。

　　我在二○一一年的耶穌生日當天向她屈膝求婚。

　　她說好。

　　但我們沒有訂下婚禮日期。

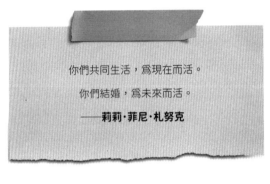

你們共同生活，爲現在而活。

你們結婚，爲未來而活。

——莉莉・菲尼・札努克

　　或許卡蜜拉看似完全不像我媽，但在二○一二年五月，我向她求婚的五個月後，她對我做出一件事，和我媽對我爸做的事完全相同，只不過多出了一些獎勵。她給了我一封我婚禮的邀請函。

　　「好呀，」我說，「我需要一個伴。」

　　接著她遞給我另一張超音波照片。

　　「我肚子裡有我們第三個孩子了，親愛的，我不要在結婚當天挺著大肚子走上步道。」

　　我們邀請了八十八位最親近的親友。在為期三天的婚禮週末中，我們在院子裡搭起了四十四座帳篷，來容納這八十八位朋友，而在不到一個月後的二○一二年六月十三日，卡蜜拉・阿勞荷・艾維斯就成了卡蜜拉・

艾維斯‧麥康納。

來自修道院的克利斯汀弟兄主持了天主教儀式，我們的當地牧師大衛‧漢尼（Dave Haney）負責介紹致敬詞，約翰‧麥倫坎普演奏了聖經詩篇，一名坎東伯雷（Candomblé）女祭司以非洲─巴西魔法祝福我們。

當晚在祭壇上，卡蜜拉望著我的雙眼說：「除了你給的一切外，我什麼都不想要。」

至於我，當晚我沒有娶到我的夢想女性，反而娶了世上最適合我的女人，她還是條美人魚。

我再也不感到害怕，並開始追尋全新的秘密，我全心投入婚姻，並在人生中首次感到自己儘管跌倒，也不會一蹶不振。我知道一切會更艱難，因為既然身為夫妻，就有更多得處理的事。卡蜜拉和我再也不追逐蝴蝶，反而安置了花園，讓蝴蝶自行前來。

我媽終於不用再修正措辭了。利未的問題也變少了。

綠燈。

我一生中碰過兩個叫做李文斯頓（Livingston）的人。兩個都是我從遠處就注意到的男人，像是碰到卡蜜拉那晚一樣。他們帶來了印象。兩個人都正直又健壯的男子，全身散發出榮譽感、道德感、與恰如其分的高貴氣息。白天他們是伐木工人，晚上則是愛樂樂團的指揮。他們是真正的通才，對生活的藝術相當熟稔。我逐漸熟悉這兩人，而靠近觀察後，他們倆確實符合我的第一印象。

我想要見到第三個這樣的人。

　　於是在二〇一二年十二月二十八日早上七點四十三分，李文斯頓·艾維斯·麥康納 (Livingston Alves McConaughey) 出生了。

綠燈。

　　我的人生從未如此滿足過。結了婚，像我父親一樣有三個孩子，我四處都能找到靈感，但現在得到的是真相，而非想法。我對自己的成功不感到佩服，便更投入其中，想要我所需要的事物，並需要我想要的事物。我變得越成功，就變得更嚴謹；我非常喜歡自己的公司，一點都不想干擾它。

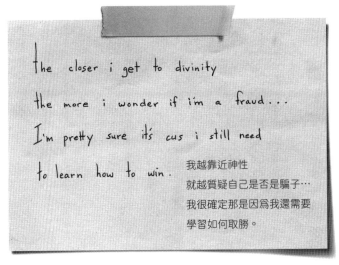

the closer i get to divinity
the more i wonder if i'm a fraud...
I'm pretty sure it's cus i still need
to learn how to win.

我越靠近神性
就越質疑自己是否是騙子…
我很確定那是因爲我還需要
學習如何取勝。

　　我收到了一份邀約，要我在一部總共有八集的 HBO 迷你影集《無間警探》（True Detective）中擔任主角。由尼克·皮佐拉托（Nic

Pizzolatto）撰寫的劇本，生動到讓我覺得紙頁都要滴出血來了。我得到的角色是馬蒂‧哈特（Marty Hart）。我想要演的角色是羅斯汀‧柯爾（Rustin Cohle），他是我碰過最偉大的警探。我等不及要翻頁看看他接下來要說什麼了。他是個活在死亡的致命層面與逃離死亡的不朽需求之間的孤獨男人。毫不多愁善感的他，無論真相有多可怕，都奮力找尋它。他讓我靴子裡的腳都流汗了。

「如果能演羅斯汀‧柯爾，我就加入。」我告訴他們。

對我的提議考慮了幾天後，尼克、導演凱瑞‧喬吉‧福永（Cary Joji Fukunaga）、製作人們就同意讓我出演羅斯汀‧柯爾先生。我的好朋友伍迪‧哈里遜演出馬蒂‧哈特。幸好自從上次之後，他就沒演出任何催生出模倣犯殺手的角色了。

我家人和我很快就打包行囊，前往紐奧良進行為期六個月的拍攝。

我總是對彎月城（譯注：Crescent City，紐奧良的別名）有好感。或許是由於我爸在那裏長大，小時候每年我家人也經常拜訪他媽和她的姊妹，參加捕蝦船祝福慶典（Blessing of the Fleets Shrimp Festival）。或許是因為我也在那拍攝了之前的五部片。也許是由於如果你想知道自己在城裡身處的地區好壞，當地人會給你充滿節奏感的解釋：

「這個嘛，先生，好地方有點壞，壞地方有點好。」

這裡總感覺像家。

地方就像是人。他們都有各自的特性。在我環繞全球的旅程中，我

親愛的紐奧良，

你是個龐大又美麗的麻煩。你是巨大的閃爍黃燈：請小心前進。

你的野心並不過大，也擁有強健的身分感，也不會往外界找尋奇異事物、演變、與名義中的進步。你對自己感到驕傲，也清楚自己的風味，它完全屬於你，而如果人們想嘗嘗這味道，你就毫不卑躬屈膝地歡迎他們。

你的時間不斷向前移動，星期二與星期六變得與彼此更為相似。你的季節滑入彼此之中。你是輕鬆大個子（譯注：The Big Easy，紐奧良的別稱）⋯也是地球上最短的宿醉期發源地，週一早上的一大杯酒，能讓你露出和週六夜相同的笑容。

你是前廊的發源地，而不屬於後院。當你面對街頭放鬆，鄰居也跨越街道時，這項工程成就為你提供了強烈的社群性與夥伴情誼。你不會退入遺世獨立的後院中，反而在前廊與周遭的世界互動。私人財產友好地與彼此交疊，跨越彼此的界線，而當地的早上九點鬧鐘則是教堂鐘聲、警車聲響、與移動緩慢的時薪八塊錢木匠在兩座房子外釘窗戶玻璃的聲音。

你不會擔心細節與不良行為，而既然每個人都會帶走一些東西，就代表大家只是想贏。如果你能成功騙上一手，那就恭喜你，因為你熱愛賭博，而規則也是用來打破用的；所以別抱怨規範，忍耐就好。宣傳崇拜與訴訟時，亡者要如何與生者四目相交？

你是座右腦城市。別大肆宣揚自己的道德觀，不然你就會受傷。濕氣壓抑了大多理性思想，所以如果你正準備跨越單行道，最好先往左右看看。

大自然統治一切，自然法則是最崇高的女王，是動物們得遵守的科學，對我們兩足動物而言，她則是盛氣凌人又不考量他人的賤人。但你會迅速原諒她，因為你清楚對她的怒火發出輕蔑感，只會招來更多災禍：厄運、巫毒、業力。所以你順她的意，蜿蜒而行，緩緩往前走，沿路慢慢接受一切，並從未擔心細節。你的技巧在於自己的過度成長。大自然是本地的王者，她的王權宰制萬物，與英格蘭不同的是，她同時擁有影響力與勢力。

你不用吸塵器，不，你會用掃把和耙子來修整自己。一切都出現在應定的位置上，坑洞旁的急轉彎、樹枝下的鴨子、貧窮與謀殺率，這一切的狀況與後果。就像秋葵濃湯（譯注：gumbo，美國路易斯安那州南部傳統菜餚），你的美妙樂曲源自大雜燴。

——二〇一三年六月七日，路易斯安那州紐奧良

在日記中寫下了某個地方的文化，與它的身分。如果有個地方和人民觸動了我，我就會對他們寫下一封情書。紐奧良就是這種地方。

當《無間警探》播映時，卡蜜拉和我每週日都和其他人一樣收看這影集。我當然有機會在上映前把整部影集一次看完，但我選擇用它所設計的觀賞方式來消化劇情：每週日晚間觀賞一小時，加上星期一早上的茶水間聊天，並期待下一集。它是我最喜歡的電視影集。到現在也一樣。

當它在電視上播映時，我正在為頒獎季宣傳《藥命俱樂部》。現在回想起來，我從許多層面看得出《無間警探》是讓我因《藥命俱樂部》得到最佳男主角獎的最重要推手。這對我而言是每週的宣傳，也是金錢無法買到的最佳廣告。每週日晚上，我在你們的客廳中扮演羅斯汀・柯爾，隔天則在宣傳廣告上演出朗恩・伍德路夫。

影評人大獎（The Critics' Choice）、金球獎（Golden Globes）、獨立精神獎（Independent Spirit）、美國演員工會獎（Screen Actors Guild）都因我演出朗恩・伍德路夫，而頒給我最佳演員獎。

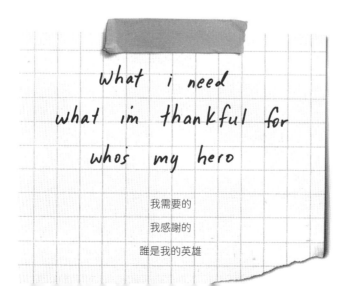

what i need
what im thankful for
who's my hero

我需要的

我感謝的

誰是我的英雄

接下來則是那年最後的典禮：奧斯卡金像獎。

我事前沒想好演講內容，因為我相信那會帶來惡運，但如果影藝學院確實叫了我的名字的話，我確實有份短清單想講。

他們叫了我的名字。

我贏得奧斯卡最佳男主角獎。

我相當榮幸能獲頒這代表了我業界頂尖地位的獎。這也證明我選擇成為演員這件事，已經演變為相當傑出的專才。我並沒有變成半吊子。

綠燈。

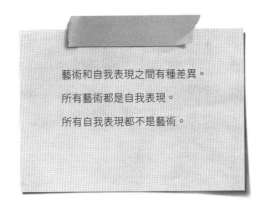

藝術和自我表現之間有種差異。
所有藝術都是自我表現。
所有自我表現都不是藝術。

接著我和克里斯・諾蘭（Chris Nolan）拍了《星際效應》（Interstellar），與葛斯・范桑（Gus Van Sant）拍《青木原樹海》（The Sea of Trees），和蓋瑞・羅斯（Gary Ross）拍《烈火邊境》（Free State of Jones），跟史蒂芬・加漢（Stephen Gaghan）拍《金爆內幕》（Gold），和楊・迪孟治（Yann Demange）拍《藥命人生》

（White Boy Rick），與史蒂芬·奈特（Steven Knight）拍《驚濤佈局》（Serenity），跟哈蒙尼·科林（Harmony Korine）拍《海濱狂歡》（The Beach Bum），還與蓋·瑞奇（Guy Richie）拍《紳士追殺令》（The Gentlemen）。我也為了自己的孩子們拍了幾部片，包括與崔維斯·奈特（Travis Knight）拍的《酷寶：魔弦傳說》（Kubo and the Two Strings），以及與葛斯·詹寧斯（Garth Jennings）拍的《歡樂好聲音2》（Sing and Sing 2）。我也透過為林肯汽車公司擔任品牌大使，而成了成功的汽車銷售員，也成為野火雞波本威士忌（Wild Turkey bourbon）的創意總監。

這一切都是我想調查、適應、並成為的角色與作品。

這一切都是我覺得令人驚艷又原創、也值得述說的故事。

這一切都是我不願意交換的經驗。

但是，它們很少成為票房成功。某種東西沒有完全讓外人理解。我邀請了大眾，但電影院中依然有空位。

是因為我嗎？故事題材？電影本身？片商？壞運氣？時代改變了？

我當然不曉得。我想，或多或少有這些因素吧。

票房失利並沒有減損我對表演的熱愛。它們反而使我更有熱忱地投入自己的專才。我愛表演。我愛創造。我愛迷失在角色中，接著發掘他們。我喜歡深入探索，從內部觀察我的角色。我愛打造並擁有我的角色時經歷的努力、過程、個性建構、與整體人格架構。我愛有一個從不干擾我信念的妻子；我總是相信自己扮演的每個角色，都是自己演出的最後一個人物。我比以前更愛演戲。

爲何要禱告？

該盤點一切了。

從高處觀看我們自己、我們所愛的人、我們的生命。

對我們的好運流露微笑，

降低我們自私的渴求，

擁抱我們明知需要我們同情的人，

並透過我們的心眼見證他們最眞實的自我，

沿著過往回憶，

爲我們深知且在意的對象，

在他們最能表現自我時拍下快照。

不是最快樂或最驕傲的時刻，

不是最悲傷或最自省的時刻，

而是當我們看到他們毫無宣傳或慾望的影像時，

他們的光芒由內而外地散發，

最後以同樣的角度觀察我們自己，

之後我們說阿們。

我們成爲眞正的自我，而非其他形象。

　　因此，我開始注意到自己演出的角色與電影，和我自己與我的生命故事相比之下變得更重要。在我當下的事業中，我不只是演藝人員，我是名演員，也是藝術家。這使我感到滿足。我的事業很圓滿。狂野。危險。必要。充滿意義。生動。當我扮演電影中的角色時，比我在人生中扮演的男人笑得更大聲，哭得更用力，愛得更廣，恨得更深，感受也更多。

　　我對自己說：「你翻轉了劇本，麥康納，還徹底改變了局面。」

　　我在電影中比在人生中更有活力。

　　我事業中的故事，似乎比我親身經歷的故事還更鮮明。

　　鏡中的印象。

　　該做出改變了。

　　於是我想出了一個計畫。

　　該捨棄濾鏡了。讓我的人生成為自己最喜愛的電影。成為我最喜歡的角色。寫我自己的劇本。執導我自己的故事。成為我自己的傳記。拍關於我自己的紀錄片。非虛構作品。生活，而非紀錄。該追上那名我追逐著的英雄，並看看太陽是否會熔化黏著我翅膀的蠟，抑或那股高溫只不過是海市蜃樓。體驗我的傳承。停止表現得像我。成為我。

　　於是我收集了過去五十年來累積的三十五年寫作作品，並將它們帶到荒涼地點，以便謹慎面對它們，傾聽它們的故事，並盤點我的投資：我。

　　我在自己在娘胎內成形的沙漠中獨自待上兩週，到我學會游泳的河上也待了兩週，在東德州松木林中的小屋裡待了兩週，在墨西哥邊境的一家汽車旅館房間待了三週，並在一間紐約市公寓中又住了兩週。

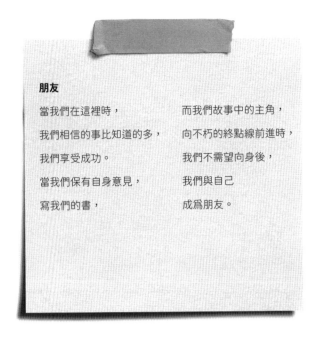

朋友

當我們在這裡時，

我們相信的事比知道的多，

我們享受成功。

當我們保有自身意見，

寫我們的書，

而我們故事中的主角，

向不朽的終點線前進時，

我們不需望向身後，

我們與自己

成為朋友。

在每個地方，我都注視著自己的雙眼。我的五十年歲月。這是個可怕的提案。和得為這一切負責的人獨處。我唯一一個無法除掉的人。我不太確定會喜歡自己看到的事物。我知道情況可能會變得很糟。

確實如此。

我大笑。我大哭。我彆扭。我驚呼。

我也與人生中最好的對象度過了最好的時光。

於是，五十年後，我在這裡，為了瞻望未來，而回首過去。

這一切是為了什麼？我的重點是什麼？我的宗旨呢？我的總結呢？我的結語呢？我學到了什麼？我明白了什麼？

身為空談人類學家、民間心理學家、追尋真相的街頭詩人，我遵循過上天的指示，結交他人，聽過許多心聲，並透過實際追逐夢境來應對現實。

　　我租過，經歷過曖昧、嗜好、戀愛，並無邊無際地追逐蝴蝶，一路在我的事業上跑到自己今天的地位。我找到了財產、法律、關係、事業、妻子與家庭，並在找到它們時投下無可改變的心錨。當我灌溉它們的花園時，它們就蓬勃發展，並學到從計畫到表現，從知道到行動，從伴裝到體現。此時蝴蝶開始飛進我的花園。

　　我寫了這本書，這樣我才能得到讓自己負責任的紀錄。我寫下這本書，這樣你才能督促我專注，並提醒我自己遺忘的事物。我繞回先前的時光；學過的、重複過的、與重見過的教訓。我注意到自己迅速理解，學習花了時間，而生活則是最難的部分。我在離開自己的地方，找到了自我。

　　我在頭二十年中學會了價值觀的價值。透過規範與深邃的感情，我學會了尊重、責任、創造力、勇氣、毅力、公正、服務、良好的幽默感、與冒險精神，有人可能會覺得這種方式接近虐待，但我認為這是硬派的愛，也不會想替換任何我父母透過痛揍我一頓而教會我的價值觀的價值。對此我很感謝他們。

　　我的二十歲與三十歲時光是充滿矛盾的年代，當時我除去了違背我準則的情況與真相。這段保守時期的價值觀，使我遠離生命早期的致命人格缺陷。比起投入綠燈，當時我經常更在意不要闖紅燈。我照自己想要的做，我學會生活。我存活了。

　　我的四十歲時代是更為穩固的十年，這幾年內我開始積極面對自己學到的真相，並活用它們。在這時期中，我加倍吸收滋養自己的事物。這段自由時代的價值，在於它點亮了我維持了終生的人格特質。當時因為我消除了更多紅燈與黃燈，使我經歷了更多綠燈，同時我也是創造了更多綠燈。當過往的紅燈與黃燈轉綠，過去的辛苦化為好運，綠燈則發出更明亮的光芒，因為我給了它們更多閃耀的力量。我做出自

己需要的事，並在生活中學習。我蓬勃發展。

當我接近下一章真相時，我唯一確信的事，就是我會再度重新調整自己，當我這樣做時，我的家人也會與我同在。身為父親，我經常與自己產生矛盾，我也清楚在練習說教時還能做得更好，但我也明白如果訊息屬實，就別忘了它，並原諒送它來的信使，即便他應該能做得更好。

我希望給自己的孩子們機會，讓他們找到自己喜歡做的事，並努力做好那件事，追求它，和做好它。與其不讓他們看見醜陋的真相，我反而不會讓他們看到會摧殘他們與明日現實交涉的虛構幻想。我相信他們可以應付這點。

很難在人生中找到恆常事物、自然法則、與普世真相，但當我們有孩子時，就沒有智慧討論或哲學能教我們愛他們的程度，與如何保護並指引他們；這是種直覺性的承諾，也是種即刻又無限、並不斷成長的責任。它是特權。它是綠燈。

當我在今年初為這本書作最後修改時，像你一樣，我的人生受到一齣名為新冠病毒的紅燈大劇阻礙。它對我們人生的干擾變得無可避免。我們得待在家中，保持社交距離，並戴口罩保護自己。我們無法出外工作，也失去了工作與摯愛的人，更永遠不曉得這狀況何時會結束。我們很害怕，也很憤怒。我們每個人都得做出犧牲、變動、堅持、適應：我們得抱持相對感。

當另一齣名為喬治・佛洛伊德（George Floyd）謀殺案的紅燈戲碼出現時，二○二○年顛簸的開頭便持續延燒。它對我們生活的干擾也迅速變得無可避免。社會上出現抗議、擄掠、暴動、恐懼、憤怒。這場不公義的謀殺在美國與全世界點燃了一場社會正義革命，而當種族主義再度在聚光燈中揚起它醜惡的頭顱時，我們再度受到提醒：直到黑人的性命受到重視前，所有人的性命毫無意義。我們每個人都得

做出犧牲、變動、堅持、適應：我們得抱持相對感。

這兩項紅燈都迫使我們內省，將我們隔離起來，為自身靈魂找尋更好的前進方式。因此，我們清點人生與自己在生命中扮演的角色：我們在意什麼，優先要務是什麼，重要的事又是什麼？我們得更理解自己的孩子、家人、與自我。我們閱讀，我們書寫，我們禱告，我們啼哭，我們傾聽，我們尖叫，我們發言，我們前進，我們幫助有需要的人。但我們究竟徹底又永遠地改變了多少事？

對我們這些倖存者而言，我們何時與如何看出自己在這段顛沛流離的歲月中的經歷帶來的好處，則會充滿相對感。但如果我們每個人努力為更有價值觀、也更公義的明日，作出正確的改變，有一天，當我們望向生命的後照鏡中時，二〇二〇這個紅燈年就會無可避免地轉綠，或許還會被視為我們最傑出的時刻之一。

帶著對我父母傳授的價值觀所抱持的敬意，以及一輩子環遊世界的經驗，使我相當珍惜文化，與充滿價值觀的文化。我也相信把事情做好所帶來的價值。由於相信對我們自己與社會生活最好的方式，便是擁有更多價值觀與才華，去年我成為了文化部長（Minister of Culture/M.O.C.），致力於在不同城市、機構、大學、學術界、體育界中保存並提倡擁有才華與共享價值觀的文化。無論是雙方合作或毫無派系，價值觀不只是我們都能同意的指引式準則，也是讓人們團結的基礎道德。當我們能適應價值觀，並將更多價值觀安插在才華上時，就能創造出更有價值的社會；那代表我們的投資對象將得到更多利益，這對象正是我們。

這也讓我回到自己寫這本書的另一個理由。我希望它能對你有用，並在你有需要時伸出援手，或許它能教會你一些事，激發你的靈感，逗你發笑，提醒你，幫助你遺忘，並賦予你生命中的工具，讓你能以

更完善的自我向前邁進。我？我在活著的藝術中並沒有全拿到 A，但我在乎一切，也寧可拿到經驗老到的 C，也不想拿無知的 A。

我總是相信，滿足的道理在於學習在何時、與如何處理我們在人生中面對的挑戰。當你能宰制自己的天氣時，就享受微風。當你困在風暴中時，就祈禱好運到來，並盡力做到最好。我們都有傷疤，我們還會受更多傷。所以與其抗拒並浪費時間，讓我們與時間共舞，並改變它的意義，因為當我們試著不死去時，壽命並不會延長；而當我們忙於活著時，反而活得更久。

當我探索自己生命中的天氣時，我成功的關鍵，一向是對無可避免的事抱持相對感。

相對而言，我們活著。生命是我們的履歷。這是由我們講述的故事，我們做出的選擇則成了篇章。我們的生活方式，是否能使我們為了回首過去，而瞻望未來呢？

無可避免的是，我們會死。當我們離世時，我們的悼詞，我們的故事，都會由他人所述說，也會永遠成為介紹我們的途徑。

靈魂目標。開始時，心懷結尾。

你的故事是什麼？

目前為止，這就是我的故事。

綠燈。

希望能碰到更多綠燈。

繼續生活，

MATTHEW McCONAUGHEY

p.s.

附注

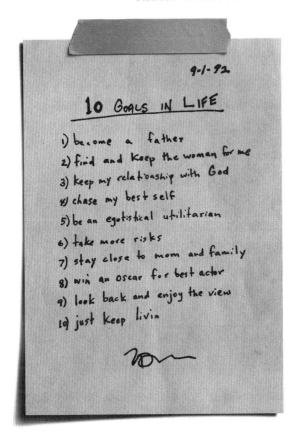

一九九二年九月一日

生命中的十項目標

一．　成爲父親

二．　找到屬於我的女子，
　　　與她共處

三．　維持我與上帝的關係

四．　追其最佳自我

五．　當個自大的功利主義者

六．　冒更多風險

七．　和媽與家人保持親近

八．　贏得奧斯卡最佳男主角獎

九．　回首過去，享受往昔

十．　繼續生活

　　寫這本書時，我在一堆日誌／便條紙／餐巾／啤酒杯墊上的筆記和
潦草跡中找到了這張紙。自從我寫完後，就沒看過它了。注意上頭的
日期。當時是我在《年少輕狂》中演出人生中第一個角色「伍德森」
的兩天後。也是我爸逝世的十四天後。（如我所說，我猜自己記得的
事，比忘掉的還多。）

致謝

感謝我的父母與哥哥們給了我家庭,和造就了我自己家庭的妻兒們,以及我一路上碰見的無數角色、靈感來源、與理想。感謝我的英雄們,從派特到十年來的麥倫坎普,以及所有給我詩的人們,這些詩是我自己寫的,但我忘了。

感謝我的朋友賽斯・羅賓斯・賓德勒(Seth Robbins Bindler)給我開拓路途的勇氣,澳洲給了我寂寞,唐・菲利浦斯讓我大開眼界,李察・林克雷特讓我受到注意,科爾・豪瑟給了我個體性,葛斯給了我忠誠,凱文・莫里斯讓我學會了絕對性,馬克・古斯塔威斯(Mark Gustawes)給了我信念,馬克・諾比(Mark Norby)教了我單純性,約翰・錢尼(John Chaney)教我穩住手,妮可・皮瑞茲-克魯格(Nicole Perez-Krueger)給了我正確答案,布蘭恩・盧爾德讓我的戶頭多了幾個零,哈德小姐讓我學會投入,以薩・巴羅(Issa Ballo)指引了我,馬利給了我家,克利斯汀弟兄教會我人性,潘妮・艾倫(Penny Allen)教會我兇猛,大衛牧師讓我了解內容,喬登・彼得森(Jordan Peterson)給了我清晰視角,查德・孟騰(Chad Mountain)傾聽了我的話,丹・布埃特納(Dan Buettner)帶給我冒險,羅伊・史班斯(Roy Spence)給了我目的,尼克・皮佐拉托的誠實,埃爾・柯荷(Al Cohol)的點子,莉茲・蘭伯特(Liz Lambert)的沙漠,巴特・奈格斯(Bart Knaggs)讓我見識拉諾河,大衛・德雷克(David Drake)、吉莉安・布雷克(Gillian Blake)、麥特・印曼(Matt Inman)的編輯,以及奮進公司(WME)、王冠/企鵝蘭登書屋(Crown/Penguin Random House)、與頭條出版社(Headline)的團隊幫我透過書本分享我的故事。

關於作者

馬修·麥康納是三度離婚與結婚的吉姆與凱·麥康納的兒子，他已婚，有三名子女。他自稱是幸運的人，並認為自己是說故事的職業好手，他寫詩，同時也是不得志的音樂家（不過，還有時間嘛）。他是公路旅行的絕佳旅伴，相信抵達殿堂前可以喝杯啤酒，身上最好也流了一天的汗。身為充滿想法的人，馬修在世上過得相當自在，喜歡在排斥前先做比較，並持續找尋人生中的相似處。他是低吟歌手、傑出的吹哨人、摔角手、規範性語源學家、與世界旅行者，他相信傷疤是最原初的刺青，在五十歲也長了比三十五歲時更多毛髮。他在全世界贏過六次喝水比賽，在用餐前禱告，因為那會讓食物嚐起來更好吃；他善於給別人暱稱，研究烹飪與建築，喜歡起司堡與蒔蘿醃黃瓜，學會說「對不起」，也喜歡一週在教會哭一次。如果他在轉台時看到自己的電影，不會停下來觀看，他喜歡催生事情，只為了看自己能不能辦到，他從不積怨，最近也學到正確的行事方式不只一種。比起太空人，他寧可當水手；他在舞池中十分矯健，願意以信念代替結論，也相信對所有不是暴君的好人而言，每個人都有自己的想法。

二○○九年，馬修與他的妻子卡蜜拉成立了繼續生活基金會課後課程，幫助美國國內五十二間第一級補助中學（譯注：Title 1 high school，美國教育系統中為清寒子弟提供的補助性學校）的清寒兒童做出更健康的身心靈選擇。二○一九年，除了撰寫他的著作外，麥康納也在母校德州大學奧斯汀分校成為實務教授，並教導他自創的課程：從劇本到螢幕（Script to Screen）。除了身為美國職業足球大聯盟隊伍奧斯汀足球俱樂部（Austin FC）的其中一位所有人外，他也是德州大學與奧斯汀市的文化部長，這是另一項他創造的角色與頭銜。他繼續擔任林肯汽車公司的品牌大使，和野火雞波本威士忌的創意總監，並共同創造了他在世上最喜歡的波本酒，名字叫長枝（Longbranch）。比起日出，馬修偏愛夕陽。

jklivinfoundation.org
greenlights.com
Instagram: @officiallymcconaughey
Twitter: @McConaughey
Facebook.com/MatthewMcConaughey

德州戴維斯堡，二〇一九年

撰寫《＊＊＊》第四天

Ft. Davis, Tx. MAY 8, 2019
Day 4 writing "Greenlights"

流血

我獨自來此寫作。

我清楚會流血。

確實如此。

我的心跳讓我感到前所未有地熱血沸騰。

dRAW blood.

i came here alone to write.

i knew blood would be drawn.

it was.

my heart pumped more through my veins than ever before.